Contraste insuffisant
NF Z 43-120-14

Illisibilité partielle

Valable pour tout ou partie
du document reproduit

Couverture inférieure manquante

Original en couleur

NF Z 43-120-0

CARTULAIRE

DU

PRIEURÉ DE JULLY-LES-NONNAINS

PAR

Ernest PETIT

AUXERRE
IMPRIMERIE DE GEORGES ROUILLÉ.

1881

CARTULAIRE

DU

PRIEURÉ DE JULLY-LES-NONNAINS

PAR

Ernest PETIT

AUXERRE

IMPRIMERIE DE GEORGES ROUILLÉ.

1881

CARTULAIRE

DU PRIEURÉ DE JULLY-LES-NONNAINS

En suivant le chemin de fer de Nuits-sous-Ravières à Châtillon-sur-Seine, on remarque, au sortir d'une tranchée sur la gauche, un monticule assez élevé, supportant d'anciennes constructions ombragées par quelques vieux arbres.

Ce monticule, complétement isolé, protégé au sud et à l'ouest par des collines, domine ailleurs une plaine immense et fertile, et dut à cette situation féodale d'être choisi, au xe ou xie siècle, par les comtes de Tonnerre, pour la construction d'un château-fort.

C'est le château de Jully, qui a fait oublier le souvenir de la paroisse de Saint-André, et imposé son nom à une commune de l'arrondissement de Tonnerre et du canton d'Ancy-le-Franc, commune qui se compose de sept ou huit hameaux dispersés dans la plaine.

Un descendant des comtes de Tonnerre, Mile, comte de Bar-sur-Seine, donna ce château, vers l'an 1115, à l'abbaye de Molême pour y mettre des religieuses. Cette fondation eut-elle pour but d'absoudre les fautes des possesseurs de ce manoir, « plutôt consacré aux démons qu'à Dieu, dit la Charte, et dont la vie déréglée des habitants avait amené la dépopulation du pays » ? Nous ne le savons. Mais elle eut surtout pour résultat de donner asile à des filles de familles nobles, à des veuves ou à des femmes, dont les maris avaient à cette époque revêtu l'habit religieux sous les cloîtres de Molême ou de Citeaux.

Le nouveau monastère, placé sous la direction et la dépendance de l'abbaye de Molême, que saint Robert avait soumis à la règle de saint Benoît, eut cette même constitution, et fut assimilé aux autres prieurés. Ce qui distingue plus particulièrement Jully, c'est la sévérité de la clôture qui fut, dès l'origine, imposée aux religieuses, et les rigueurs de la règle qui parait peu différer de celle de Citeaux. Toutefois, comme il n'était pas possible à des femmes ainsi cloîtrées de s'occuper de l'administration de leurs biens, l'abbé de Molême devait mettre des moines dirigés par un prieur à la nomination de l'abbé, pour s'occuper des affaires temporelles du couvent. Ces moines habitaient près de là des cellules n'ayant aucune communication avec l'enceinte fortifiée du château qui servait de retraite aux religieuses.

Jully est un des premiers monastères de femmes fondé dans nos pays; car on ne connaissait auparavant que Rougemont, dont l'origine n'est pas connue, mais qui existait déjà assurément en 1105, et Larrey, près Dijon, fondé à la fin du xie siècle par Jarenton, abbé de Saint-Bénigne de Dijon, et qui n'eut qu'une existence de courte durée.

Les premiers religieux et religieuses se signalèrent par une piété qui attira de nombreuses libéralités de la part des seigneurs du pays.

Le premier prieur, Pierre, anglais d'origine, a été mis au rang des bienheureux. Pierre était ami d'enfance d'Étienne Harding, qui monta sur le siége abbatial de Citeaux et y reçut saint Bernard. Il avait été tour à tour novice et religieux à Ysodanges (1), puis à la Ferté-Gaucher, et sur les prières de Thibaud de Champagne et d'André de Baudemont fut nommé prieur de Jully, par Gui, de Châtel-Censoir, abbé de Molême. Il y resta jusqu'à sa mort, peu après 1140.

Humbeline ou Humberge, sœur de Saint-Bernard, est comptée au nombre des saintes, et a eu l'honneur de beaucoup de biographies, bien que l'on ne connaisse de sa vie que les indications laissées par Guillaume, abbé de Saint-Thierry, et deux auteurs du temps. On sait qu'elle quitta le monde et les liens conjugaux pour venir à Jully; mais les titres de l'époque ne la mentionnent nulle part, et pas une seule fois son nom n'apparait dans les documents contemporains. Cette Humbeline est-elle, comme nous l'avons cru d'abord, la même que l'épouse d'Anséric de Chacenay, qui donne une charte intéressante parmi celles que nous publions? Non, si elle est morte en 1140, comme on le croit, puisque le P. Viguier la fait figurer dans un acte de deux ans postérieur. — Fut-elle femme d'un seigneur de la maison de Brienne, mort vers 1125? — Nous ne pouvons nous prononcer et laissons ces questions à résoudre.

(1) Ysodenges, celle de Molême, diocèse de Trèves, près de Luxembourg.

Il faut remarquer, toutefois, que les chartes qui en font mention lui donnent pour témoins saint Bernard ou ses frères, ce qui est une forte présomption.

Élisabeth de Vergy, fille de Savaric de Vergy, comte de Châlon-sur-Saône, veuve d'Humbert de Mailly, seigneur de Faverney (1), fit son noviciat à Jully. Elle en sortit vers l'an 1120 pour bâtir le monastère de Tard, et y travailler avec tant de zèle, que douze années plus tard tout était terminé (2). Elle en fut la première abbesse, pendant que Marie exerçait sous sa juridiction le priorat sur les autres religieuses (3).

La première abbesse du Puits-d'Orbe, Agnès de la Roche, paraît être sortie de Jully. Nous avons une charte établissant qu'elle était sœur de Godefroy de la Roche, fondateur et premier abbé de Fontenay, puis évêque de Langres (4).

La belle-sœur de saint Bernard, la femme de Guy, son frère aîné, que quelques auteurs nomment la bienheureuse Élisabeth, fit d'abord profession à Jully (5) avant d'être supérieure à Larrey (6), puis, croyons-nous, fondatrice de Pralon.

L'un des actes les plus précieux que nous publions est en original aux archives de la Côte-d'Or (7). C'est la prise de voile d'Aanorz, veuve de Rainard de Montbard et, en deuxièmes noces, de Gauthier de la Roche, connétable de Bourgogne. C'est le jeudi 28 mars 1128 qu'eut lieu cette cérémonie, en présence de sa famille et de ses enfants ; de son fils Bernard de Montbard, de son beau-frère et de son gendre futur s'il ne l'était déjà ; Renier de la Roche, époux de Millesende de Montbard, dite Comtesse; de saint Bernard, abbé de Clairvaux, avec trois moines de Clairvaux; Godefroy de la Roche, plus tard évêque de Langres ; Gérard et Renier, et trois religieux de Molême, Robert, Gui et Eudes — Bouchard, évêque de Meaux — Gui, comte de Bar — Geoffroy de Joinville — Renaud de Sezanne — Adam, vicomte de Bar — Renaud, vicomte de Rougemont, etc. Aanorz donna, en prenant l'habit,

---

(1) Fyot, *Hist. de Saint-Étienne de Dijon*, p. 231.

(2) Journal des saints de l'ordre de Citeaux, à l'usage de l'abbaye de Tard. — Notes de M. l'abbé Merle.

(3) *Archives de la Côte-d'Or*. Fonds du Tard.

(4) Enquête de 1212. *Arch. de la Côte-d'Or*. Fonds du Puits-d'Orbe, carton Aignay. — Quant aux la Roche dont il est ici question et que l'on a dit être les la Rochetaillie, rien n'est moins prouvé.

(5) Journal des saints de l'ordre de Citeaux, à l'usage de Tard.

(6) Auteurs : Guillaume de Saint-Thierry, vers 1145 — Geoffroy — Alain, ancien évêque d'Auxerre, puis moine de Clervaux, vers 1170.

(7) Fonds Molême. Orig. carton 250.

dix livres de rente sur les foires de Bar-sur-Aube, que son mari, Gauthier de la Roche, tenait en fief du comte de Blois, et en investit solennellement Pierre, prieur de Jully, par un livre que le comte tenait dans sa main.

Un document de l'an 1142, que nous trouvons dans les papiers du P. Viguier (1), relate aussi la prise de voile de deux filles d'André de Baudemont : Mathilde et Elvis. André, qui avait eu un rôle si actif dans les événements de l'époque, était alors fort âgé. Elvis avait été mariée deux fois et venait de perdre son second mari, Gui de Dampierre. Le P. Duchesne, qui relate cette alliance (2), ne parle pas de son premier mari, Hugues de Montréal (3). C'est la même Elvis qui, treize années auparavant, avait donné aux religieuses de Jully les dîmes de Pisy, du consentement de son fils Anséric, en échange d'une rente précédemment accordée (4). Quant à Mathilde de Baudemont, qui avait sans doute été mariée, nous ne la trouvons nulle part ailleurs.

Guillaume, abbé de Saint-Thierry, qui écrivait peu après la vie de saint Bernard, disait : « Le monastère des Nonnains de Jully a « pris un grand développement et passe pour la maison religieuse « la plus célèbre. Le nombre des nonnes et des donations faites « lui ont permis de s'étendre et de se propager dans divers lieux. »

Du prieuré de Jully sortirent, en effet, au XIIe siècle, de nombreuses maisons religieuses dont la filiation n'est pas facile à suivre. Il paraît certain que les monastères du Puits-d'Orbe, de Pralon, de Tard ont eu des premières religieuses sorties de Jully; mais comme ces maisons n'étaient pas assujetties à la domination de Molême, les rapports de parenté s'oublièrent après les religieuses qui s'y étaient établies, de la même manière que Citeaux, chef d'ordre et première colonie de Molême, n'eut jamais à reconnaître la suprématie de la maison-mère.

Crisenon, érigée en abbaye par Hugues, évêque d'Auxerre, sur l'ordre d'Innocent II, en 1137, s'affranchit la première de cette parenté.

En 1145, la bulle du pape Eugène III relate la chapelle d'Oze dans l'évêché de Langres; Vivifonds ou Andecies, fondé en 1131, et le val d'Osne dans l'évêché de Châlons-sur-Marne.

---

(1) Bibl. nat.
(2) *Hist. de la maison de Dreux*, p, 18.
(3) Il nous est revenu nombre de chartes qui nous permettent de mieux connaître l'importance de cette maison de Montréal au XIIe siècle. Le nombre des chartes inédites égale le nombre des pièces connues.
(4) *Arch. de la Côte-d'Or*. Orig. Fonds Molême, carton 250.

En 1159, Franchevaux, qui existait déjà depuis plusieurs années, est inauguré par l'archevêque de Sens.

Le pape Alexandre III, dans sa bulle confirmative des priviléges de Molême, en 1182, mentionne les filles de Jully dans l'ordre suivant : Vivifonds, Franchevaux, Val-d'Osne, Clairlieu, un autre Clairlieu près de Pleurre, la chapelle d'Oze, Sèche-Fontaine.

Beaucoup d'autres colonies sortirent encore de Jully ; mais comme ces communautés n'avaient pas accepté l'obédience de Molême, soit à cause de leur éloignement, soit pour d'autres motifs, elles restèrent indépendantes ou soumises à d'autres monastères, et leurs liens de parenté sont devenus inconnus.

Henri, comte de Troyes, se rendant en pèlerinage à Vézelay, en 1169, voulut passer par Jully pour voir par lui-même ces religieuses dont la piété était connue au loin, et leur laissa des preuves de son admiration et de sa générosité.

La reine de France, qui était alors Jeanne de Boulogne, mère du duc Philippe de Rouvre, y séjourna aussi en 1357, et paraît y avoir été quelque temps. Elle y mande quelques officiers et notamment le chatelain de Montréal, le samedi avant la Saint-Barthélemy de cette année. — (Arch. de la Côte-d'Or. — B 5402, Comptes de Montréal.)

Sans rappeler chacune des aumônes signalées dans nos chartes, nous pouvons seulement citer quelques-unes des religieuses qui y prirent le voile pendant le premier siècle de son histoire : la fille d'Erlebaud Goriaud, seigneur d'Aulnay — les deux filles d'Aveline, comtesse de Bar-sur-Seine — les deux filles d'Hugues, dit Mantalant, seigneur d'Athie-les-Montréal — Hersinde, dame de Bissey-la-Côte, et ses deux filles — Elvis des Ricey — Marguerite, fille de Gui de Chappes — Marie de Montmirail — les filles de Robert des Ricey — deux filles de Thomas de Laignes — la fille de Manassès de Sennevoy — la mère, la sœur et la fille de Girard, seigneur de Durnay — trois filles de Foulques de Bourbonne — Lucie, fille d'Élisabeth d'Étais — Ermengarde, fille de Pétronille, dame de Jully-le-Châtel, etc.... Toutes les familles de donateurs qui figurent dans ce cartulaire y ont envoyé des filles de leurs maisons.

Mais cette ferveur des premiers temps a bien diminué le siècle suivant, et deux cents ans plus tard le monastère est en pleine décadence. Les religieuses se révoltent contre l'autorité de l'abbaye de Molême — ces dames mettent à la porte les moines qui ne leur plaisent pas — la discipline cesse d'exister — toute clôture est rompue — la vie scandaleuse et dissolue qui s'y mène nécessite les inutiles remontrances des évêques et du pape — les bulles d'excommunication n'ont même plus le pouvoir de les arrêter. Il faut fermer les portes du couvent et en réunir les bénéfices à l'office du cellérier de Molême.

Ainsi finissent, aux xiv° et xv° siècles, toutes les communautés de femmes, et le petit nombre de celles qui traverseront cette période dissolvante de notre histoire, ne reparaîtront plus tard que pour nous étonner par le scandale des déportements et de l'inconduite des religieuses.

Voici les noms de quelques prieures qui figurent dans nos chartes :

Luce, 1156-1163. — Pétronille, 1196. — Marguerite, 1200. — Marie, 1219. — Agnès, 1226-1241. — O..., 1248. — Isabeau, 1262. — Marguerite, 1277. — Elisabeth, 1279. — Agnès, 1282-1284. — Marie de Rochefort, 1312. — Marguerite d'Usie, 1335-1371. — Moingeart ou Emengarde de Buteaux, 1372-1387. — Jeanne de Blaisy, 1392-1406.

Nous ne croyons pas devoir donner rang à Edmée, qui figure dans une note de M. Coutant, en 1220, et dans l'*Histoire du Diocèse de Langres* de l'abbé Roussel, t. III, p. 293.

Parmi les prieurs, nous citerons :
Pierre, 1128. — Osmond, 1156-1158. — Hugues, 1163. — Bruno, 1173. — Robert, 1180. — Humbert, 1186. — Jean, 1196. — Philippe de Tanlay, 1315. — Benoît Marin, 1456, cellérier et prieur. — Guillaume d'Avilly, 1481-1483, cellérier et prieur. — Jean de Reiges, 1487, cellérier et prieur. — Jean Tiénard, 1488, cellérier et prieur. — Alexandre de Bèze, 1490-1498, cellérier et prieur. — Claude de Niccy, 1517-1537, cellérier et prieur. — Jean de Gelan, 1555. — Pierre de Fourquenberge, 1563. — Claude Esprit, 1565-1567. — Aimé Esprit, mort 1587. — Antoine Dugard, 1587.

Jean Antoine de Bretagne, religieux et cellérier de Molême, que l'on trouve de 1633 à 1655, jouissait de la cellérerie par engagement à lui fait par les religieux de Molême, de la congrégation de Saint-Maur.

Il ne reste absolument rien aujourd'hui du monastère jadis habité par les religieuses. Les constructions qui subsistent occupent un espace de 100 mètres de long sur 70 de large. Elles ont été faites par Claude de Nicey, à la fois abbé de Charlieu, cellérier de Molême et prieur de Jully dans la moitié du xvi° siècle, et servent maintenant de bâtiment de ferme. On peut voir, sur le plan que nous reproduisons (1), l'emplacement de la chapelle qui

---

(1) Ce croquis est pris sur un plan que M. l'abbé Merle avait fait prendre sur le plan cadastral de 1812.

devait recouvrir les dépouilles des saintes femmes dont les indignes descendants n'ont pu faire oublier ni le souvenir ni les vertus. Le parc, dont il est question dans plusieurs titres, s'avançait jusqu'à la base de la montagne, et était clos de murailles qui formaient au château une troisième enceinte.

Il s'est élevé, il y a plusieurs années, une discussion assez puérile pour savoir si Jully-les-Nonnains était bien.... Jully-les-Nonnains et non Jully-le-Châtel. Un archéologue du département de l'Aube, M. Lucien Coutant, a soutenu une thèse en faveur de cette dernière localité (1), sur la foi de Lamartinière, de Rouget, de Courtépée, qui s'étaient successivement trompés et copiés les uns les autres. Tous ces auteurs n'ont pas même vu les chartes originales, sans quoi la discussion n'eut pas été possible. Car les actes de partage ou de délimitation des territoires de Jully-les-Nonnains, Sennevoy, Gigny, etc., ne peuvent laisser aucun doute. D'ailleurs, Jully-les-Nonnains a toujours relevé du patronage de l'abbaye de Molême, tandis que Jully-le-Châtel est toujours resté une seigneurie laïque, en dehors d'une petite congrégation d'hommes qui relevait de Moustier-Saint-Jean, dès la fin du XIe siècle et bien avant la fondation de notre couvent de femmes. Et ce qui n'a pas peu nui à faire confusion dans l'esprit de ceux qui se sont occupés de la question, c'est que plusieurs des seigneurs de Jully-le-Châtel ont fait des donations à Jully-les-Nonnains, et que plusieurs des titres de ces deux localités se trouvent confondus dans le fonds Molême, aux archives de la Côte-d'Or.

M. l'abbé Merle, curé de Fontaines-les-Dijon, qui avait fait sur Jully un travail assez complet, a parfaitement élucidé cette question. Il est fâcheux que ce travail que j'ai eu entre mains ne soit pas suffisamment corrigé, et que sa longueur n'en permette pas l'impression (2). M. l'abbé Lalore a d'ailleurs utilisé les principaux arguments indiqués dans ce travail (3).

Les pièces relatives à Jully-les-Nonnains, dont nous donnons ici le texte ou l'analyse, sont plutôt une collection de chartes qu'un cartulaire proprement dit. Tout en négligeant des pièces peu importantes, nous donnons des documents venant de sources bien diverses, mais pouvant offrir quelque intérêt pour l'histoire des familles féodales de la contrée et d'un monastère qui eut au moyen-âge une grande existence.

---

(1) *Annuaire de l'Aube*, 1854.
(2) J'en dois la communication à M. l'abbé Sardin, professeur au séminaire de Plombières, héritier de M. Merle.
(3) *Revue catholique de Troyes*, décembre 1866 et janvier 1867. — *Nou-*

Vers 1115.

Fondation du monastère de Jully-les-Nonnains, par Mile, comte de Bar-sur-Seine, (époux de Mathilde de Noyers), qui donne à l'abaye de Molême son château de Jully, pour y mettre des religieuses.

Ego Milo, comes Barri, divinis preventus monitis, cunctis christianis loricà fidei, nomine que precinctis manifestare cupio his meis presentibus litteris, donum quod feci de Juliaco Molismendi ecclesie proprium : ut si quando tergiversatione callida, totius bonitatis ignarus contra meum per posteros se erexerit datum, scripto presenti deducto ad medium, veritati cedere sua confusus importunitate perfidus sciat locum. Misericordiam vero Dei de ipsius queso perpendite inenarrabili judicio ; quo memorati castri, scilicet Juliaci, quondam habitatores, quia hunc eumdem demoniis quam Deo aptare maluerunt, depopulationi submissi probantur : ac denuo, ut ita dicam, post positione excoctum longissima per me hunc Dominus possessioni fidelium deputat. Providens igitur tam mee quam parentum meorum vivorum ac defunctorum saluti, trado Juliacum castrum, quod fuit antecessoris mei, comitis videlicet Milonis, Deo et sancte matri ejus Marie Molismensi, cum omnibus appendiciis : sicut ea continet sancti Andree parochia que dudum desubtus fuerat constructa : laude uxoris mee et filiorum meorum. Nec solum quod de ea in mea manebat dominicatura, sed etiam quidquid de me tenentes dederunt vel daturi sunt ex eo Molismensi ecclesie, laudo et confirmo. Ea scilicet ratione et devotione, ut isdem locus religiosis ex integro deserviat feminis : et cuncta eis data a me vel ab aliis ut prediximus facta, earum utilitatibus et victui deputata permaneant : eedem que mulieres sub ordinatione Molismensis abbatis Deo servire quiete valeant. Quarum victus et conversatio mea petitione per domnum Guidonem Molismensem abbatem, et ejus conventum sic constituitur ; ut de proprio nutrimento et labore, boumque suorum cultura, et elemosynis fidelium in commune victum vestitum que recipiant : servos vel ancillas, ecclesias aut decimas, villasque non habeant; sed si ab aliquo vel aliqua hec eis data fuerint, Molismensi ecclesie permaneant : aliud sane mobile Juliacenses teneant. Terra etiam, si eis data fuerit alia quam propriis carrucis excolere non queant, Molismensi conceditur cœnobio. Quibus ad regimen sui tam corporum quam animarum quatuor deputabuntur monachi per Molismensem abbatem, qui eas ab omni peculiaritatis vitio atque vagatione secundum Dominum tueantur. Quarum si qua obierit, quæ fratribus ecclesie Molismensis debetur oratio ac beneficium, et pro ipsa persolvetur. Sed et silvatica eis indumenta preter coopertaria in perpetuum prohibentur.

Ghifflet, *Genus illustre*, p. 440-441.)

velles Recherches historiques sur Jully-les-Nonnains et Jully-sur-Arces. Troyes, 1868,

1126-1137

Juilly

Guillaume, évêque de Langres, confirme aux religieuses de ~~Moret~~ les dîmes que Payen, chevalier de Moret, leur avait données à Sennevoy.

Notum sit omnibus hominibus presentibus atque futuris quod dominus Guilemus episcopus Lingonensis ecclesie dominabus scilicet sanctimonialibus de Juliaco decimas laudavit habere et possidere, illas partes quas tenebat Payanus, Miles, de Moreto, apud Senaviacum villam. Hujus rei testes sunt : Girardus, miles de Roura, frater Robertus de templo domini senescalcus, frater Guilermus de Fossato, frater Paganus de Buris et ipsemet Paganus qui hoc donum dedit.

(Arch. de la Côte-*d*'Or, fonds Molême. Orig. 250, au v° écrit 1137.)

1128.

Aanolz, veuve de Rainard de Montbard, et en secondes noces de Gauthier de la Roche, mère de saint Bernard, se fait religieuse au monastère de Jully, en présence de nombreux témoins.

Notum sit omnibus tam futuris quam presentibus, quod Gauterius de Rocha (1) tenuit in casamentum decem libras a Blesensi comite Tebaldo, quas accipiebat per singulos annos in nundinis apud Barrum (2). Quo defuncto, uxor ejus Aanolz (3), relinquens seculum, et veniens Juliacum, eidem loco et sese conversam tradidit, et predictum casamentum donavit; de quo et in capitulo coram omni congregatione Petrum priorem per quemdam librum investivit, presente etiam comite Tebaldo, a quo ipsum feodum tenere debebat, qui illud donum libentissime ibidem laudavit et concessit, propria que manu eamdem unam cum jam memorata domina investituram fecit, presentibus quoque Ranerio (4), fratre Galterii supra memorati defuncti (5), et Bernardo de Montebarro privigno ejusdem Galterii et filio predicte Aanolz, sue uxoris, qui et ipsi eamdem donationem, quod ad se attinebat, laudaverunt et concesserunt; sed et Bernardo (6) abbate Clarevallensi, cum tribus suis monachis : Gotefrido (7), Girardo (8), Ranerio et tribus Molismensibus; Roberto, Guidone, Odone, itidem presentibus.

Hujus rei fuerunt testes etiam : Bulchardus Meldensis episcopus; Wuido comes Barri, Gaufridus de Junvilla, Raginaldus de Sezania, Hugo de Lisoio, Goscelinus de Donno Martino, Gauterius de Bernon, Adam vicecomes Barri, Fauco et Amator de Trecis, Goscelinus de Insula, Bernardus de Montebarri, Raginaudus vicecomes de Rubromonte.

(1) Gauthier de la Roche, connétable de Bourgogne.
(2) Les pièces y jointes montrent qu'il s'agit de Bar-sur-Aube.
(3) Aanolz, veuve de Gauthier, mère de saint Bernard.
(4) Renier de la Roche.
(5) Gauthier le connétable était donc mort avant le 28 mars 1128.
(6) Saint Bernard.
(7) Godefroy de la Roche.
(8) Saint Gérard.

Hoc idem donum laudaverunt Nivardus et Rainerius (1) **frater ejus**, de quorum laude sunt testes : Bernardus de Montebarri, **Tescelinus Pultariensis**.

Hoc idem donum laudavit et confirmavit Guilemus **Lingonensis episcopus** apud Barrum super Albam, de cujus laude sunt **testes** : Bernardus abbas Clarevallensis, Girardus, frater ejus, Erardus **Lingonensis** archidiaconus.

Hoc etiam laudaverunt et concesserunt due puellule filie **Gauterii**; Gertrudis et Agnes (2). De hoc etiam dono sunt testes famuli T. **comitis de Barro**, Robertus prepositus filius Rolandi; **Guiardus filius Gunterii, Odo Rufus, Hugo de Porta**.

Factum est hoc donum apud Juliacum v° kal. Aprilis, **quadam die Jovis**; sequenti vero alia die Jovis, scripta est hec cartula Sezanie, Guilemo Lingonensium episcopo, regnante Lodovico rege **Francorum, anno ab** incarnatione domini millesimo C°XX°VIII°.

Hoc donum supradictum concessit et laudavit Matildis Blesensis comitissa apud castrum Theoderici, presente et audiente **Theobaldo comite viro suo**,, Andrea de Baudimento, Guidone monacho **de Jully**, Guiberto capellano, Letardo capellano, Charcavillano camerario **comitisse domine** Helissendis Meldis.

(Original. Arch. de la Côte-d'Or, fonds Molême, carton 256.)

1129

Elvis, dame de Montréal, avec l'approbation de son fils Anséric, donne à Jully le tiers des dîmes de Pisy en échange des dîmes qu'elle avait déjà données provenant du bled de ses greniers.

Ego Guilemus Dei gratia Lingonensis episcopus presentibus et futuris notum facio quod Eluidis, Montisregalis domina, laude et assensu Anserici filii sui, dedit Deo et beate Marie Juliaci decimam totius bladi granarii sui; et quia dubitavit ne hoc donum in posterum a successoribus redderetur, inspirante Deo et recto predicti filii consilio omnium decimarum de Piseio (3) tres partes pro recompensatione decime granarii sui Juliacensibus in perpetuum possidendas concessit. Hujus rei testes sunt Rainerius de Rocha, Guido de Dampetra, Hugo de Merlenniaco, Guillelmus de Thalaci. Datum est hoc per manum Duranni notarii nostri et sigilli nostri actoritate confirmatum anno Verbi incarnati millesimo centesimo vicesimo nono.

(Arch. de la Côte-d'Or. Fonds Molême. Orig., 250.)

1130

Hato, évêque de Troyes, notifie la donation faite aux religieuses de Jully par Erlebaud Goriaud, de la dîme d'Aunay.

Ego Hato, Dei gratia Trecensis tam et si indignus episcopus, utilitati,

---

(1) Nivard et Renier de la Roche.
(2) Gertrude et Agnès de la Roche pouvaient-elles avoir sept ans pour ratifier? on dit puellule.
(3) Pisy, canton de Guillon, arrondissement d'Avallon.

quieti et paci sororum Juliaci pro commisso michi officio in futurum providens, laudo et confirmo donum quod pro filia sua quam prefato loco tradidit, facit Erlebaudus Goriaudus de decima ville illius, que Alnetus (1) vocatur, per manum meam et archidiaconorum meorum subscriptione ac sigilli mei impressione nec non veracium testium astipulatione corroboro. Quod etiam ne qualiter persona minuere, auferre vel inquietare aliquando presumat, anathematis defensione concludo. Factum est hoc anno dominice incarnationis M°. centesimo XXX^{mo} indictione VIII^{va} concurr. III. Epacta XX^{ma}. S. Manasse, archid. S. alterius Manasse archid. S. Odonis prepositi. S. Gibuini cantoris cancell. et arch. S. Falconis archid. S. Guidonis, arch. S. Ebrardi Oensis abbatis. S. Guilelmi abbatis sancti Martini. S. Gisleberti canonici. S. Guidonis de Donno Petro.

(Arch. de la Côte-d'Or. Fonds Molême, carton 250.)

1131

Thibaud, comte de Blois, notifie la fondation d'Andecies, relevant de Jully, par Simon, seigneur de Broyes, et ses enfants : Hugues, Simon et Émeline, avec l'énumération des biens concédés aux religieuses sorties de Jully. Il énumère aussi les donations de Hugues, seigneur de Montmort ; de Letice, sa femme, et de ses filles Elvis et Isabelle ; de Manassès, seigneur de Pleurre ; de sa femme Helvis ou Heleridis et de Jean, son fils ; d'Hélie, seigneur de Montmirail ; de Marie de Broyes, etc.

(Arch. de la Côte-d'Or. Fonds Molême. 228. Très bel original. Ed. Duchesne. Maison de Broyes et Châteauvillain. Pr., p. 12 et 13.)

1131

Charte de Thomas, évêque de Reims, et de Pierre, évêque de Chalons, confirmant la donation précédente.

(Arch. de la Côte-d'Or. Fonds Molême, carton 228. Original très beau.)

1133

Donation aux religieuses de Jully-les-Nonains des dîmes de Saint-Lié ou Saint-Léon, par Humbeline, femme d'Ansérié de Chacenay, du consentement d'Hatto, évêque de Troyes, dans le diocèse duquel étaient ces dîmes. L'évêque Hatto cède aussi le droit qu'il avait, à la prière de Godefroy, évêque de Chartres, de Gérard, frère de saint Bernard, et de Godefroy, prieur.

Qui pauperibus Christi magistri sancte ecclesie necessaria providere et provisa debent auctoritate ecclesiastica defendere, donum quod sanctimonialibus Juliaci facit Hubelina (2) uxor Anserici de Cacennaco, laude

---

(1) Aulnay, arr. cant. et com. de Nogent-sur-Seine (Aube).

(2) Cette Humbeline n'est-elle pas la sœur de saint Bernard? Le père Viguier, t. II de ses Recherches (Bibl. nat.), donne deux chartes de cette veuve d'Anseric de Chacenay, en 1137 et 1142, qui sont des donations à Larrivour. La sœur de saint Bernard était, dit-on, morte auparavant à Jully (1140). Cependant la présence de Godefroi et de Gérard, frères de saint Bernard et témoins d'Humbeline, peut donner des doutes,

ejusdem mariti sui de decimis sancti Leonis presentibus litteris futurorum commendamus memorie ne oblivione aut cujuscumque ad nulletur Dei ancillarum possessio inquietudine. Prefata enim mulier providens tam sue quam antecessorum suorum saluti, dedit Deo et beate Marie ac sanctimonialibus Juliaci, quidquid habebat in decimis ville illiusque dicitur sancti Leonis et in censu sive inquibuslibet aliis rebus nichil sibi vel successoribus suis in eadem villa preter homines suos retinens. Fecit itaque hoc donum per manum domini pontificis Hatonis Trecensis, de cujus casamento erat, qui etiam laudavit et concessit, quicquid de residua parte decimarum ejusdem ville sanctimoniales acquisierunt. Et ut hoc ratum maneat, sigillo suo testibus idoneis firmatum munivit assistentibus et insistentibus venerandis episcopis domino Gaufredo carnotensi, atque Burchardo Meldensi, necnon abbate Trium Fontium Guidone, priore quoque clarevall. Godefrido et Girardo fratre abbatis clarevallis.

Testes vero sunt : Guido Rufus de Fonteto, Bencilinus de Malai, Rainaldus Clarellus, Arraudus de Laniis, Gauterius prepositus, Petrus Goiuns, Guinemannus. Laudavit hoc totum Jacobus, filius ejusdem domine coram prescriptis testibus.

Acta sunt hec anno dominice incarnationis mill. cent. tricesimo tercio, indictione XI[ma] concurr. VI[to] Epacta XII[ma] in domo episcopali Kal. Maii.

(Arch. de la Côte-d'Or. Orig. Fonds Molême, carton 250.)

1134

Hugues, évêque d'Auxerre; Évrard, abbé de Molême; Guillaume, comte de Nevers, s'étant réunis à Crisenon, règlent les contestations qui s'étaient élevées au sujet du premier état des religieuses venues de Jully, et des biens de ce même monastère.

En conséquence, l'abbé de Molême fit abandon aux religieuses du lieu de Crisenon, ne s'y réservant que la direction spirituelle et le droit d'y placer trois ou quatre moines, dans le cas où le nombre de ceux de Molême serait trop grand. Ensuite, Itier de Toucy ; Ermengarde, sa mère ; Étienne, son frère, et Hugues de Til, confirmèrent tous les dons que leurs ancêtres avaient faits au monastère.

(Copie. Arch. de l'Yonne, Fonds Crisenon. Lebéuf. Pr. *Hist. d'Auxerre*, n° 19. — *Cartul. de l'Yonne*, t. I, p. 301.)

1136

Geoffroi, évêque de Chalons, confirme la donation faite aux religieuses de Jully, lors de la fondation d'Andecies par Simon de Broyes, sa femme Félicité, ses enfants Hugues, Simon et Émeline. Témoins : Clerembaud de Broyes ; Pierre, son frère ; Gui, seigneur de Dampierre ; Philippe de Pleurre.

(Duchesne. Maison de Broyes et Châteauvillain. Pr., p. 13.)

Avant 1137 (1).

Saint Bernard notifie une donation de Foulques de Bar, aux religieuses de Jully, consistant en une maison sise à Bar.

†. In nomine domini Ego Bernardus Clarevallis vocatus abbas, notum fieri volo quod Fulco de Barro et Rexuis uxor ejus domum suam apud Barrum positam dederunt nobis in presentia fratrum nostrorum Widonis et Gerardi, sub testimonio fidelium virorum de Barro, Gilleberti tum prepositi, Widonis asinarii, Widonis filii Gunteri, Odonis Ruff, Rollanni juvenis et Roberti filii ejus et Alvisi. Nos quoque eamdem domum libere nobis datam quia in manu nostra retinere noluimus ecclesie de Julleio donavimus presentibus et laudantibus predictis fratribus nostris Widone et Gerardo sub testimonio eorumdem virorum quorum superius nomina sunt ascripta. Ut autem libere et quiete eamdem domum predicta ecclesia possideat presentem cartam fieri et sigillo nostro muniri precepimus.

(Arch. de la Côte-d'Or. Original. Fonds Molême, carton 250.)

1137

Donation d'Humbeline, dame de Chacenay, à l'abbaye de Larrivour, après la mort de son mari Ansérie de Chacenay.

Ego H. Dei gratia, Trecensis episcopus, omnibus notum facio quod Hubelina domina de Chacenay, uxor Anserici, defuncto Anserico marito suo, pro anima ipsius et sua dedit fratribus de Ripatorio pratum unum de Chevanum laudante Jacobo filio ejus. Testes sunt : Bernardus abbas Clerævallis (2), Odo filius Josleni. Actum anno verbi incarnati millesimo centesimo trigensimo septimo.

(Pap. Viguier, t. III, décade. (Bibl. nat.)

1140, 1er NOVEMBRE

Le pape Innocent II, s'adressant à Adeline, abbesse de Crisenon, lui annonce qu'il a approuvé que son monastère ne dépende plus de celui de Molême pour la juridiction. Il ratifie également tout ce qu'Hugues, évêque d'Auxerre, et Guillaume, comte de Nevers, ont fait pour régler le régime de la maison et l'échange de certains cens.

(Ed. *Gallia Christiana*, t. XII. Inst., col. 112. — *Cartul. de l'Yonne*, t. I, p. 345.)

1142

André de Beaudement (sire de Braine) et Gui, son fils, viennent à Jully-les-Nonains avec saint Bernard, et y font entrer les deux filles d'André comme religieuses : Maholde ou Mathilde et Helvis.

Ego Godefridus, Dei gratia episcopus Lingonensis, notifico quod ad

---

(1) Avant 1137, car Gérard, frère de saint Bernard, est mort à cette date.
(2) Ici encore saint Bernard est témoin d'Humbeline, Et à quel titre ?

preces Andree de Baldimento et Goi... ..., filii ejus, convenimus apud Juliacum, ego videlicet et domnus Bernardus abbas Clarevallis, ibi que solemniter recepimus in sanctimoniales, filias predicti Andree, Mathildem scilicet et Halwidem. Ipsi autem pro eis, et remedio animarum suarum dederunt in censibus suis quadraginta solidos de redditibus suis, in villa que dicitur Jonei (vel Joni) (1) in festo sancti Remigii quiete reddituros. Quod ut ratum et inviolatum permaneat, ad petitionem ipsorum sigilli nostri appensione roboramus. Hujus rei testes : Belinus et Jocelinus clerici nostri, et dominus Wido comes Barri, et Andreas de Firmitate, dapifer ipsius. Actum anno domini M°C°XL° secundo.

(Bibl. nat. Papiers Viguier, décade, t. III.)

1145

Le pape Eugène III confirme la donation faite à l'abbé de Molême, du monastère des religieuses de Jully, par Milon, comte de Bar-sur-Seine, confirmée par Jocerand, évêque de Langres, et veut qu'il demeure sous l'autorité de cet abbé, ainsi que les maisons qui en sont issues. Mais comme ces religieuses observent une clôture absolue, elles auront, pour gérer les affaires au dehors, des moines de Molême.

(Arch. de l'Yonne. Fonds du prieuré de Jully. — Ed. *Cartul. de l'Yonne*, t. I, p. 397.)

Vers 1145

Hugues, dit Montalant (de Montréal), donne aux religieuses de Jully ce qu'il avait sur les dîmes d'Athie-les-Montréal.

Notum sit omnibus sancte Dei ecclesie fidelibus tam presentibus quam futuris quod Hugo cognomine Maustalant quicquid habebat in decimis de Atehis dedit et concessit Deo et sancte Marie de Juliaco, et monialibus ibidem Deo servientibus pro peccatorum suorum et antecessorum remissione et pro duabus filiabus suis quas in eodem loco ad Dei servitium collocavit. Hoc fecit laudante Elisabeth uxore sua et filio suo Petro, laudante etiam Josberto de Tilio a quo superdictus Hugo tenebat. Et laudante Anserico de Monteregali domino. Hujus laudationis sunt testes : Girardus archipresbyter Avalonis, Bernardus capellanus de Monteregali, Hugo Salvagius, X.... frater ejus, Gaufridus, Girardus, Hugo Albus de Monteregali.

(Arch. de la Côte-d'Or. Cart. fonds Molême, 306. Orig.)

1145

Adélaïde, comtesse de Bar-sur-Seine, donne à Jully douze muids de blé à prendre sur le moulin du château de Bar-sur-Seine, et les usages dans les bois et pâturages, pourquoi on a reçu ses deux filles religieuses.

(Ann. de l'Aube, 1854, p. 64. Lucien Coutant. Sans indication de provenance.)

(1) On voit ailleurs Jouencl.

1145

Geoffroi Fournier donne à Molême le lieu appelé la Chapelle-d'Oze, avec ce qu'il y possède, le tiers des dîmes de Bragelonne et de Beauvoir. Les religieuses qui furent mises sous la direction de Molême, sortaient de Jully.

In nomine Patris et Filii et Spiritus-Sancti. Ego Godefridus, Dei gratia Lingonensis episcopus, nctum facio tam futuris quam presentibus, quod Gaufridus Fornerius (1), dedit Deo et beate Marie Molismensis, locum qui dicitur capella super Ausam, quidquid possidebat ibi in terris, in pratis, in omni redditu, in nemoribus, laudante uxore sua Laura et filiis suis Symone, Gaufrido et filiabus suis Hersenna, Rilenda et genere suo Simone; laudante etiam Clarembaudo, puero de capis et Guidone, comite de Barro. Hujus rei testes sunt : Galterus de Fraisneio, Ansguulfus de Capis, et filius ejus Arnulfus de Vilers, Lescelinus, miles, Hugo pauper. Hec et atrium de Teiz et decimam, que ad sacerdotem pertinebat de laboribus earum, concedimus eis hac conditione quod sacerdoti annuatim persolvent IV sextaria frumenti et IV de tremis ad mensuram ejusdem ville, et quidquid possident Vogreio, et tertiam partem decime de Brachegenoille et de Belveoir. Apud Barrum etiam tertiam partem decime santi Petri, et in molendinis comitis juxta pontem duo sextaria frumenti et duo de Molfuyeuge, duas partes etiam decime vini de Felis, et quidquid in episcopatu nostro juste acquisierint. Signum Pontii archidiaconi ejusdem loci. S. Hugonis archidiaconi. S. Ulrici prepositi sanctorum Geminorum. S. Clarembaldi, decani. anno 1145.

(Arch. de la Côte-d'Or. Fonds Molême, carton 45.)

1145

Geoffroi Fournier donne à Molême la Chapelle-d'Oze (suit comme dans la charte précédente, plus :

La grange d'Estey (Estez), la part de Mile d'Avaleurre, avec l'approbation de sa femme Sabaoth et son fils Mile — la part d'Alaide de Capes — la part de Dameron de Lapomeroie — la grange de Vogrey que donna Guillaume Charduns pour ses filles, avec l'approbation de sa femme Luce et de ses fils et filles — 4 sols de cens à Melunnas et un pré à Perrecé.

— Dame Belléz de Praelin donne ce qu'elle possède à Praelin.

— Apud Marcium deux parts de dîmes, unam pro filiabus Ranerii, alteram pro filiabus Witerii.

Témoins : Galterius de Frasneio, Augulfus de Capis et filius ejus Arnulfus de Vilers, Lecelinus miles, Hugo pauper.

(Arch. de la Côte-d'Or. Fonds Molême, carton 45.)

1150

Thibaud, comte de Troyes, notifie une donation de Gui de Maseio à l'ab-

---

(1) Geoffroi Fournier était frère d'Otran, et tous deux fils de Geoffroy, fils d'Otran,

baye d'Andecies pour trois de ses filles, nonains de cette abbaye. Bernier, vicomte d'Oucheia, approuve. Témoins : Ursus, prévôt de Château-Thierry, et André de Beaudement, Rocelin de Vendeuvre, Odo Bubulcus. A la prière de Symon de Broyes, fondateur de cette maison, j'ai mis mon sceau.

(Orig. Fonds Molême, 292.)

1150

Hugues, seigneur de Broyes, avec l'approbation de son frère Simon et sur les prières de sa mère Félicité, donne à l'église de Mesnil, pour l'usage des hommes de Broyes, un chariot de bois à brûler.

Hugo, dominus Brecensis, quoniam que facta fiunt cum tempore transeunt et ea que pro helemosina Deo servientibus confereuntur, et ea propter, Ego Hugo, laudante Symone fratre meo, prece et monitu matris mee F., ecclesie de Mesnilo liberaliter concessi ad usum Brecensium hominum cursum unius quadrige ad usum ardendi tantum. Et ut firmius memorie commandaretur, sigillo meo et sigillo fratris mei sicut inferius patet signatum est. Hujus rei testes sunt : Fromundus de Plaiostro, Leonus, Hugo nepos Fromondi, abbas. Petrus Regnes, Hoto, Paganus de Baia, Bonardus, filius Belardi, Petrus capellanus, Garinus capellanus, Hudricus de Peiaco, Robertus, Hugo. Factum est hoc anno ab incarnatione Domini MC°L°.

(Orig. Fonds Molême, 281.)

Vers 1150

Gauthier, comte de Brienne, notifie qu'il a donné aux religieuses de Jully une rente de vingt sols, avec l'approbation de sa femme Adélaïde, de ses fils Erard et André, de ses filles Marie et Elvis.

In nomine Patris et Filii et Spiritus sancti. Ego Walterus, comes Brenensis, notum facio omnibus tam futuris quam presentibus, quatinus ego dedi in elemosinam beate Marie Juliaci sororibus fratribus que ibidem Deo servientibus in unoquoque anno XX sol. in passagio de Montengum et hoc feci assensu et laude Adelaïdis uxoris mee et filiorum meorum Arardi et Andree et filiarum mearum Marie et Helvidis. Hujus rei testes sunt : Evrardus abbas sancti Lupi, Pontius de Capis, capellanus ejus, Willelmus abbas sancti Martini, Pontius miles de Dienvilla, Wilenus de Arzilleriis, Girardus de Brena, Escot tunc prepositus, Rainaudus tunc prepositus Rosnaici, Odo filius Auferi de Brena Vetula, Gislebertus filius Radulfi Gasnelli, Willelmus tunc maior de Montemgun.

(Orig. Fonds Molême, carton 250.)

1155

Viard Os de Lièvre et Ameline, sa femme, donnent à Jully, en faveur de leur fille qui y est religieuse, les dîmes qu'ils avaient à Froidmanteau, plus tard Franchevaux, à Neuvi, à l'Autreville, à Sautour, etc.

In nomine sancte et individue trinitatis. Ego Hugo, Dei gratia Seno-

lequel Geoffroy, fils d'Otran, était sénéchal de Champagne. Voir d'Arb. de Jub. *Hist. des comtes de Champagne*, t. II, p. 159.

nensis archiepiscopus, Notum facio futuris et presentibus quod Wiardus Os Leporis et Amelina, uxor sua, dederunt pro remedio animarum suarum sanctimonialibus Julleii, et pro Elisabeth, filia sua ibi moniali recepta, decimam de waagnagio suo quam habebant apud granchiam Frigidi Mantelli, et de aumentatione quoquomodo augeretur et de quibuscumque ibidem decimam debebant, et totam minutam decimam de Nuevi, et de Altera villula, et de Suptoir, et de Corceles, et de Cheinz, que sue hereditatis erat, scilicet vini et lini et canabis et fabarum et omnium leguminum supradictis locis crescentium. Et etiam de propria vinea sua decimam aut unum modium vini. Hoc donum laudaverunt Bovo filius ejus et Maria soror predicti Wiardi. Teste Wihero de Brugnun et Odone capellano de Nuevi et Bernardo converso Frigidi Mantelli. Actum est hoc anno ab incarnatione domini M°C°LV°.

(Original. Fonds Molême, 250 (Franchevaux ou Froidmanteau).

1156

Jacques de Chacenay donne à Jully les dîmes de Saint-Parres.
(Ann. de l'Aube, 1854, p. 64. L. Coutant. Sans indication de provenance.)

1156-1158

Luce, prieure de Jully, du consentement des autres religieuses, donne à Nivelon de Rameru et à Helvis, sa femme, la part des dîmes d'Aunay que possédait le couvent, à condition que ces dîmes deviendront après lui la propriété du monastère.

In nomine sancte et individue Trinitatis.

Ego Luca, de Juliaco priorissa, existentium memorie et futurorum posteritati notum fieri volo, quod communi assensu sororum nostrarum, domino Neveloni de Rameru et Helwidi uxori sue; per vite sue spatium, illam partem quam in decima Alneti habebamus, habendam concessimus, conditione equidem tali eis profatam decimam concessimus, quod post obitum ipsorum, omni abjecta amicorum suorum calumpnia, ad ecclesiam de Juliaco sam sepefata decima rediret. Propter autem hujus decime concessionem, nobis centum solidos Divionenses dominus Nevelo et Helwdis uxor ejus dederunt. Hujus rei testes sunt : Osmundus tunc temporis prior, Lambertus, camerarius, frater Giroudus, Lambertus de Lingonis, Hulricus Trecensis archidiaconus, Giraudus archidiaconus, Renaudus prepositus de Rosneiaco, Gyrardus sacerdos de Alneto.

Arch. de la Côte-d'Or. Fonds Molême, carton Jully.)

SANS DATE

Mile d'Hervi donne aux religieuses de Jully la terre qu'il possédait à Froidmanteau (Franchevaux), ainsi que divers biens et droits à Courcelles et ailleurs.

Omnibus presentibus futuris que patere volumus quod dominus Milo de Hervi sancti monialibus Juliaci terram quam habebat apud Frigidum Mantellum XXX^{ta} libris a supradictis monialibus inde sibi datis tradidit,

Concessit eis etiam quicquid de casamento suo daretur vel venderetur eis a quolibet proprio censu, excepto et usuarium et centum porcorum pastum in nemoribus de Corcellarum possessionis ejusdem et si quid eis eidem rei participatione vel quolibet alio modo subripere vellet in pace restaurari promisit. Innotescimus etiam quod terra ista via a pratis de Charro per fontem Merlet usque ad prata de Asmancia directa ab ejusdem Milonis terra dividitur. Hujus rei testes sunt: Petronilla Barri comitissa et ejus filius Manasses, de quorum casamento hoc est, Bovo decanus, Fromundus capellanus, Siguinus de Santo Florentino, Stephanus de Sormeri et Guido frater ejus de Novi, Giraudus de Canloth et Odo frater ejus, Iterius de Merri, Joslenus de Barro, Petrus Rufus monacus, Galterus Bocacre, Josbertus prepositus, Vietus et Rainaudus Josberti filii, Espinardus, Stephanus de Euvrola, Arnulfus et Robertus frater ejus de Corcellis, qui cum Milone convenerunt ejusdem facti sunt testes isti : scilicet Theodoricus os Ferreum, Jouduinus de Turne. Mainardus Rufus. Teobaudus Petronilla, Jouduinus de Racines, Milo et Evrardus frater ejus de Noiviz, Rainaudus de Corcellis.

(Fonds Molême, 250 (Franchevaux). Arch. de la Côte-d'Or.)

1159

Guillaume de Montlay donne à Jully la terre qu'il possédait et celle que Gellebaud de Ravières possédait, depuis la borne de pierre, près la forêt de la chapellenie, droit à la combe de Raaud et depuis la dite combe jusqu'à la terre de Létier basse, jusqu'à la terre de Notre-Dame de Molême.

(Arch. de Dijon. Chron. de Molême, n° 152, p. 85.)

1159, 6 Juillet.

Hugues, archevêque de Sens, raconte qu'il a reçu dans un lieu de son diocèse appeté Froidmanteau, des vierges du monastère de Jully, envoyées par l'abbé de Molême, à la prière de Pétronille, comtesse de Bar. Il déclare que, sous peine d'anathème, ce lieu sera appelé à l'avenir Franchevaux. Les religieuses ont été reçues par les plus grands personnages du pays, qui y avaient des possessions ou sans doute des religieuses de leur famille : Rahier, vicomte de Saint-Florentin; le comte Henri; Guillaume de Nevers et son fils, comte de Tonnerre ; Mile d'Hervi; Anseric de Montréal; Mile de Noyers ; Pétronille de Bar, fondatrice de ce nouveau monastère, qui y avait amené les religieuses avec ses enfants : Manassès, Thibaud, Hemensanne.

(Cartul. de l'Yonne, t. II, p. 99-101. — Gallia, t. XII. Preuves. Sens, n° XLVII.)

1161

Henri, comte de Troyes, donne aux religieuses de Vinet, près Châlon, un muid de froment sur ses moulins de Vertus.

Ego Henricus, Trecensium comes Palatinus, presentibus et futuris notum fieri volo, quod monialibus apud Visneel juxta Cathalaunum, Deo

servientibus, unum modium frumenti in molendinis meis de Virtuto, sin-
singulis annis percipiendum, ad mensuram fori in perpetuam elemosinam
dedi, nec non et usuarium ubique in nemoribus meis et pascua mea apud
Joviniacum et Vetuanz eisdem monialibus concessi, ut hoc autem ratum
et inconcussum permaneat, scripto et sigilli mei auctoritate confirmari
precepi. Cujusquidem rei testes sunt sancti Menimii Nicolaus capellanus,
Hugo de Montrampon, Petrus Bristoldus, Matheus de Capis, Hugo Trata.
Tradita anno domini M° C° LX° I°, apud sanctum Menimium.

(Arch. de la Côte-d'Or. Fonds Molême, carton Vinet.)

1166

Hugues, archevêque de Sens, confirme la donation faite par Pétronille,
comtesse de Bar-sur-Seine, au monastère de Franchevaux, de la terre de
Pelvius, laquelle y prit l'habit et augmenta sa donation, ce qui fut confirmé
par Manassès, son fils, et Thibaud, son frère, et un pré à Chanlost. En
plus, le comte Henri donna des vignes à Saint-Florentin.

(Arch. de la Côte-d'Or. Chron. de Molême, n° 162, p. 92. Simple mention.)

1166-1171

La prieure de la chapelle d'Oze, prieuré dépendant de Jully, vend une
rente aux moines de Reigny, avec l'approbation de Thibaud, abbé de
Molême.

Ego Fradeburgis, Dei gratia priorissa capelle super Osam, notum facio
omnibus presentibus et futuris, quod communi assensu conversorum et
sororum nostrarum vendidimus III solidos censuales pro L solidis fratribus de Regniaco, quos ipsi fratres ex dono bone memorie Ascelini de
Castro censurio amnuatim solebant reddere nobis. Hoc autem ut ratum et
inconcussum permaneat, ego Theobaudus, dei gratia Molismensis abbas,
concessi et presentes litteras sigilli nostri auctoritate confirmavi.

(Bibl. nat. Fonds Gaignères, m^{ss}, n° 181.)

1168

Hersinde, dame de Bessy-la-Côte, ayant, avec deux de ses enfants,
Supplicie et X..., pris l'habit de religieuse à Jully, donne la plus grande
partie de ce qu'elle avait entre la Fontaine dite Estrepier et Blanchevaux,
avec usage aux bois pour les bestiaux et pour les bâtiments. Approuvé
par son fils Rodolphe et Gauthier, évêque.

(Arch. de la Côte-d'Or. Chron. de Molême, n° 152, p. 94.)

1168

Le 10 des kal. de septembre.

Le doyen et les chanoines d'Auxerre donnent aux religieuses de Jully
le moulin de Mareuil (1), avec la pescherie, la montagne, le bois dans le

---

(1) Mareuil est un ancien village détruit, entre Fulvy, Villiers-les-Hauts et Nuits,
canton d'Ancy-le-Franc, arr. de Tonnerre.

finage de Villers-les-Hauts et la forêt de Fouchamp pour construire le moulin, moyennant 4 liv. de cens audit chapitre.

(Arch. de la Côte-d'Or, m^{ss} n° 152. Chron. de Molême, p. 94.)

1169

Henri, comte de Troyes, faisant un pèlerinage à Vézelay, passe à Jully pour visiter les religieuses dont la réputation de sainteté était si grande. Il leur confirme leurs possessions de Bar et le droit d'y acquérir, moyennant quoi les religieuses célébreront son anniversaire.

Ego Henricus, Dei gratia Trecensium comes palatinus, notum facio presentibus et futuris, quod causa peregrinationis Vezeliacum pergens, per Juliacum transivi, ut sancte moniales religionis sanctitate nominatissimas visitarem. Cum que ab eis reverentissime reciperet ad preces multorum qui mecum aderant nobilium virorum et ad petitionem ipsarum quam recusare non debui, voluntarie caritatis affectis, concessi eis ut quicquid habebant apud Barrum super Albam vel deinceps acquirere possent, ad jus meum pertinens quiete, libere, absque ullo retentu in perpetuum possiderent. Si quis etiam eisdem ibi vel alias tactus amore Divino, aliquid de casamento meo in elemosinam daret, laudavi benigne et concessi. Predicte vero sanctimoniales anime mee saluti consulentes orationes mihi suas et anniversarium meum singulis annis celebrandum pro recompensatione concesserunt. Hujus rei testes sunt : Guillelmus marescalus, Artaudus camerarius meus, Theobaudus de Fimis. Ut autem hoc ratum et inviolatum perduret, sigilli mei appensione confirmavi. Actum est hoc in claustro Juliaci, anno ab incarnatione domini M°C°LX°IX°. Datum per mauum Stephani cancellarii.

(Orig. Fonds Molême, 250. Arch. de la Kôte-d'Or.)

1170

Gui, comte de Nevers, d'Auxerre et de Tonnerre, notifie que Guillaume, son frère, qui mourut à Jérusalem, a donné aux religieuses de Jully son four de Laignes. Son frère Renaud et sa femme Mathilde approuvent.

In nomine sancte et individue Trinitatis, Amen. Sciant presentes et futuri quod W. Frater meus, comes Nivernensis, qui Jerosolimis obiit, pro Dei amore et remedio anime mee et parentum meorum furnum suum quam habebat in villa que appellatur Laeynie dono dedit et concessit perpetue habendum dominabus de Juliaco. Hoc donum a domino W. fratre meo factum ego Guido, comes Nivernensis laudo et concedo prefatis dominabus pro amore et remedio anime mee et fratris mei Domini W. et parentum nostrorum. Hoc idem laudavit Regnaudus frater meus. Et Matildis uxor mea laudavit et concessit. Ut autem hoc ratum maneat et inconcussum impressione sigilli mei munivi et affirmavi. Anno ab incarnatione domini M°C°LXX, militie mee primo, Hujus rei testes sunt : Garnerius de Tranello, senescalus noster; Gaufridus de Arsiaco; Gaufridus Barri; Wilhelmus de Barris; Gaufridus Eventatus ; Columbus prepositus Tornodori ; Guido tunc prior sancti Gervasii ; magister Thomas clericus comitis.

(Orig. Fonds Molême, carton 250. Arch. de la Côte-d'Or.)

1170

Alexandre III, pape, confirme les biens des religieuses de Jully ;
— La grange d'Arrun et dépendances.
— La grange de Blanchevaux.
— 60 sois à la Ferté-Gaucher, que Gaucher, enfant, a donné pour le remède de son âme.
— 40 sols apud Joancy qu'André de Baldement a donné.
— Les dîmes de Pisy, Athie, Senevoy, etc., etc.
(Arch. Côte-d'Or. Chron. Molême, n° 452, f° 85.)

1172

Gauthier (de Bourgogne), évêque de Langres, notifie que Manassès, doyen de Langres, a donné aux religieuses de Jully une terre à Bar-sur-Seine et une vigne.

Ego Galterus Dei gratia Lingonensis episcopus, notum facio presentibus et futuris, quod Manasses, Lingonensis decanus, dedit in elemosinam sanctimonialibus de Juliaco, terram arabilem apud Barrum super Secanam quantum sufficere potest uni carruce boum, et vineam quam ab Hugone capellano dicti castri emit, et hec jam dicta ad usum sanctimonialium Juliacensis in manu nostra guerpivit, assensu et laude fratris sui Theobaldi. Hujus autem rei testes sunt : Bartholomeus tunc camerarius Juliacensis, Eunaudus capellanus meus ; Jocelinus clericus, Giraudus ejusdem loci conversus, Odo miles de Lagnia. Actum est hoc anno ab incarnatione domini M°C°LXX°II°.
(Arch. de la Côte-d'Or. Fonds Molême, 250.)

(Sans date.)

G(authier), évêque de Langres, concède aux religieuses de Jully les biens qu'elles possèdent à Ravières, ainsi que ce qu'elles pourront y acquérir.

Universis tam presentibus quam futuris notum facio quod ego G. Dei gratia Lingonensis episcopus, concedo dilectis meis Juliaci sanctimonialibus in eo quod de territorio Raveriarum jam adquisierunt vel adquisiture sint, ipsam terram cum parte illa decimarum que ad ecclesiam ejusdem ville pertinebat. Et preterea confirmo quicquid ab aliis in eo jam datum est vel datum eis fuerit. Quod ut ratum deinceps teneatur, sigilli mei impressione corroborari precepi. Hujus autem doni testes sunt : Girardus archidiaconus, Petrus de Barro juvenis decanus, Euvrardus de Brecond, canonicus. De servientibus meis : Guiardus camerarius, et Lambertus frater ejus et plures alii.
(Arch. de la Côte-d'Or. Fonds Molême, 294.)

1173

Gauthier, évêque de Langres, donne son consentement à ce que l'abbé de Molême donne aux religieuses de Jully le prieuré de Sèche-Fontaine pour y établir des religieuses.
(Arch. de la Côte-d'Or. Fonds Molême. Chron. de Molême, n° 152, p. 99.)

1173

Clerembaud donne aux religieuses de la chapelle d'Oze et approuve tout ce qu'elles possédent dans son fief, donné par ses prédécesseurs ou ancêtres, savoir, Walterius, son oncle, qui donne un demi muid de grains sur le minage de Troyes. — Il accorde trois setiers de blé et orge donnés pour une fille d'Herbert de Saint-Parres, qui tenait le bien dudit Clerembaud. Témoins : Arnulfe de Vilers, Guiard jarruns, Albricus de Capes, Guillaume de Duesme, Barthelemy et Renard de Fouchères.

(Arch. de la Côte-d'Or. Fonds Molême, carton 45.)

1173

Thibaud de Bar-sur-Seine, frère de Manassès, doyen de Langres, et ci-devant comte de Bar, donne à Molême une partie de la dîme de Beauvoir pour faire brûler une lampe à Jully.

(Ann. de l'Aube, 1864, p. 64. L. Coutant. Sans indication de source.)

1173

Mathilde, comtesse de Grignon, donne à Jully mille sous pour acquérir des fonds dont on prendra cent sous par an pour les nécessités des religieuses.

(Ann. de l'Aube, 1854, p. 64, L. Coutant. Sans indication de source.)

1173

Alaïde des Ricey, veuve de Rainaud des Ricey, et ses fils Robert, Thomas, Mile, donnent aux religieuses de Jully un demi-muid de froment, mesure de Bar-sur-Seine, sur le moulin de Castello, et confirment ce que Rainaud des Ricey avait déjà donné quand la sœur Alvis avait été reçue religieuse. Témoins : Brunon, prieur de Jully; Barthelemy, chambrier; Oudier (Ulderius), convers; Hugues de Laignes; Payen, son fils; Guiard de Sennevoy; Silvestre, prévôt de Cruzy; Adam, son neveu.

(Arch. de la Côte-d'Or. Orig. F. Molême, 250.)

1174

Thomas, abbé de Molême, accorde aux religieuses de Jully deux prés à Gigny moyennant finance.

Ego T., Dei gratia Molismensis abbas, et fratres nostri capituli, notum facimus tam presentibus quam futuris sororibus nostris Juliacensibus que ad manus nostras pertinent duo prata juxta Jagneiacum sita, nos usque ad XV annorum spatium per triginta quinque libris invadiasse Divionensis videlicet monete, que tunc appreciate sunt, pretinm XIIII marcharum puri argenti, et infra spatium XV annorum illorum prefatis sororibus nostris, fenum eorumdem pratorum in elemosinam concessimus et deinceps quamdiu predictum eis debuerimus censum. Hujus facti testes sunt : ex parte nostra : Reinaldus prior, Lingulfus supprior, Norgaudus cantor, Ex parte sanctimonialium : Bruno prior, Bartholomeus camerarius, de conversis :

frater Hugo de Mormento, frater Tecelinus, frater Galterius de Seneveto, de laicis : Aimo de Porta, miles, Hugo de Nuugle, miles, Richardus bocellus, Hubertus de Aise; Factum est hoc anno M°C°L°XX°IIII°.

(Arch. de la Côte-d'Or. Orig. Fonds Molême, 270.)

1178

Mathilde, comtesse de Tonnerre, donne aux religieuses de Jully des maisons et un jardin à Tonnerre.

In nomine sancte et individue Trinitatis.

Notum sit omnibus tam presentibus quam futuris quod ego Matildis, comitissa Nivernis, domos illas cum orto quas agabi de Tornod. Sanctimonialibus de Juli donavi, amore Dei et remedio anime mee, ab omni consuetudine quitas et liberas esse constitui, et censum quam in domibus et in orto habebam eisdem sanctimonialibus donavi, concessi, et in perpetuum quittavi, quod ut ratum et inconcussum in futurum habeatur, presentis scripti patrocinio et sigilli mei auctoritate confirmavi. Hujus rei testes sunt Renaudus prior sancti Aniani, Aimo de Ireor; Guido de Tornodoro; Helias de Tornod. milites; Marinus piperarius, et multi alii. Auctum est hec publice Tornod. anno verbi incarnati M°C°LXX°VIII°.

(Arch. de la Côte-d'Or. Orig. Fonds Molême, 306.)

1179

Henri, comte de Troyes, notifie une donation de son père aux religieuses de Jully, et y ajoute une nouvelle aumône.

Ego Henricus Trecensium comes palatinus, notum facio presentibus ac futuris quod cum moniales de Juleio apud Barrum in nundinis undecim libras annuatim de heelemosina patris mei haberent viginti solidos, eidem heelemosine addidi duodecim libras prefate domui et assignavi in porta Brene apud Barrum, constituens ut singulis nundinis in eadem porta duodecim libras habeant, de quibus ecclesia de Francavalle decem solidos habebit. Preterea tam presentium quam futurorum notitia transmitti volo quod Petrus Lingonensibus monialibus de Francheval in domibus suis nundinarum Trecensium dedit quadraginta solidos de proprio reddito suo, viginti que solidos in nundinis sancti Joannis et viginti solidos in nundinis sancti Remigii, quod ego laudavi. Ut que hee inconcussa permaneant sigilli mei impressione firmavi, testibus : Willelmo marescallo, Ertaudo camerario, Theobaudo de Fimis. Actum apud Castellionem supra Sequanam, anno incarnati verbi M°C°LXX°VIIII° per manum Stephani cancellarii, nota Willelmi.

(Arch. de la Côte-d'Or. Fonds Molême. Copie collat., 309.)

1180

Manassès, évêque de Langres, voyant les religieuses de Sèche-Fontaine (prieuré sorti de Jully), y nouvellement mises, s'employer à faire bâtir leur monastère, leur donne lettre adressée à tous les ecclésiastiques du diocèse pour les émouvoir à l'œuvre du bien.

(Ann. de l'Aube, 1854, p. 64. L. Coutant. Sans indicat. de provenance.)

1180

Manassès, évêque de Langres, confirme aux religieuses de Jully les donations d'Adam de Linières, vicomte de Bar, qui leur avait concédé un pré à Ervi, et divers autres biens.

Ego Manasses, Dei gratia Lingonensis episcopus, notum fieri volo presentibus et futuris quod Adam de Lineriis, vicecomes Barri, donavit in elemosinam Deo et ecclesie de Juliaco pratum suum de Herviaco, quod dicitur pratum de Magno Campo, jure perpetuo possidendum. Donavit etiam eidem ecclesie usum mortui nemoris in silva de Lineriis a rivo de Barez usque ad nemus Herviaci, et a nemore Bernonis usque ad nemus de Merrolis ad ardendum et calefaciendum in domo Juliacensium que est apud Tornodorum. Si vero eamdem domum a manu Juliacensium alienari contigerit non habebit possessor domus neque Juliacenses usum in prefato nemore. Si autem postea Juliacenses eamdem domum seu aliam infra tres leugas a sepedicto nemore sitam habuerint, iterum habebunt usum in eodem nemore sicut ante habuerant. Hoc totum laudaverunt et concesserunt Adam, Rainerius, Rainaudus, filii ejusdem Ad. Insuper et axem et retortas ad opus quadrige que tulerit ligna. Hujus rei testes sunt : Servius prior Quinciacensis, Stephanus capellanus de Lineriis, Robertus prior Juliaci, Ansellus camerarius; Ansellus, Uricus, Willelmus fratres ejusdem Ade vicecomitis, Milo de Boelle, Durannus de Tornodoro, Baudricus et Godecalcus servientes de Juliaco. Et ut hoc in perpetuum ratum habeatur, ego Manasses Lingonensis episcopus sigilli mei impressione munivi. Actum anno incarnationis dominice M° C° L° XXX°.

(Arch. de la Côte-d'Or. Orig. Fonds Molême, carton 250.)

1180

Guillaume, seigneur de Ravières, et ses prédécesseurs avaient fait aux religieuses de N.-D. de Jully des donations, que son gendre Etienne Vilain contestait. A la sollicitation de plusieurs prud'hommes, ce dernier les reconnut, se réservant seulement droit de justice.

(Arch. de l'Yonne. Fonds prieuré de Jully. — Ed. *Cartul. de l'Yonne*, t. II, p. 313.)

1181

Le fils du comte Gui, comte de Nevers, étant malade à Tonnerre, donne aux religieuses de Jully soixante boisseaux de sel. Et comme il était trop jeune pour avoir un sceau, sa mère Mathilde y mit le sien. Sa sœur Agnès approuve.

Felix litterarum memoria per quam et omnis denitatur calumpnia et..... Ea propter noverint universi presentes pariter et futuri quod..... (Willelmus) filius comitis Guidonis quondam infirmitate laborans Tornodori, amore Dei et pro remedio anime mee dedi et concessi Deo et ecclesie Juliacensi et sancti monialibus servientibus LX brunellos salis Autissiodor. annuatim reddendos in festo... Hujus mee donationis elamosinam laudavit, voluit (Agne)s soror mea. Quod ut ratum et inconcussum in posterum habeatur, cum ego adhoc puer sigillum non haberem, presentes litteras inde factas sigillo domine..... Matildi comitisse Nivernensis feci sigillari. Hujus rei testes sunt. .. (comi)tissa Nivernensis, mater mea ; Guillelmus de Lisiniis; Jobertus de Anci; Petrus de.. Renaudus tunc notarius comitisse; Columbus tunc prepositus Tornodori. Actum est hoc anno Verbi incarnati M°C°. L°XXX° primo.

(Arch. de la Côte-d'Or. Fonds Molême, 250. Orig. mouillé.)

1182

Mathilde, comtesse de Tonnerre, donne aux religieuses de Jully, pour l'âme de son fils Guillaume, une vigne, et on célébrera l'anniversaire du comte Gui, du comte Pierre, d'Eudes d'Issoudun et de Guillaume (dernier comte), son fils.

Ego Mathildis comitissa Nivernensis, pro amore Dei et remedio anime mee, et pro remedio animarum antecessorum et successorum meorum, et precipue pro remedio anime Guillelmi filii mei, quamdam vineam quam de judeo qui dicitur Deus benedicat eum emeram Deo et ecclesie Juliacensi, et sanctimonialibus ibi Dei servitio nuncupatis, dedi et quittavi et in perpetuum libere possidendum concessi; statuens ut de vino quod ex eadem vinea proveniet singulis annis emantur carnifice? sanctimonialibus memoratis. Si quid autem ultra carnificiarum emptionem de vino vendito superfuerit, emantur pepla supradictis pariter dominabus. Statui etiam et precepi ut vinum quod ex hac vinea provenerit, in alios usus nequaquam possit expendi. Porro anniversarium meum, comitis Guidonis, comitis Petri, domini Odonis de Yxolduno, nec non et Villelmi filii mei anniversarium singulis annis se celebratura ecclesia Juliacensis repromisit.

Quod ut ratum.....

Testes : Guillelmus de Lisinis, Joannes....

(Arch. de la Côte-d'Or. Chron. de Molême, n° 152, f° 108.)

1182

Manassès, évêque de Langres, notifie qu'Etienne Villain (seigneur de Ravières) a donné aux religieuses du Jully le quart des dîmes de Ravières. Pierre, fils d'Etienne, approuve.

Ego Manasses, Dei gratia Lingonensis episcopus, notum facio presentibus et futuris quod dominus Stephanus Vilens dedit Deo et beate Marie Julii et monialibus ibidem Deo servientibus quartam partem omnium decimarum Raveriarum. Hoc donum laudavit Petrus, filius ejus et undecumque causa perveniret vel calumnia garantire promisit. Laudavit quoque hoc donum Coquilla, filiastra jam dicti Stephani. Et hoc ut ratum permaneat sigillo nostro confirmavi. Hujus rei testes sunt : Harnaudus capellanus meus; Joannes presbiter Raveriarum, Gaufridus de Arran et plures alii. Actum est hoc anno gracie M°C°LXXX° secundo.

(Arch. de la Côte-d'Or. Fonds Molême, 294.)

1185

Manassès, évêque de Langres, notifie que Payenne de Laignes et ses fils Mathieu et Ernoul, ont donné aux religieuses de Jully une rente de dix sols sur le moulin de Châtillon. Après la mort de Payenne, les fils y ajoutent une nouvelle donation.

Ego Manasses, Dei gratia Lingonensis Episcopus, universis notum facio, quod domina Pagana de Lanea. laude et assensu filiorum suorum, Matheí et Arnulfi, dedit Deo et beate Marie Juliaci pro remedio anime filii Hugonis decem solidos in nativitate domini annuatim solvendos Juliacensibus in molendino suo Castellionis. Portea vero eadem P. defuncta, filii ejus M. et A. pronominati pro beneficio matris sue nichilominus alios dederunt decem solidos in molendinis de Lanea Juliacensibus, itidem in eadem solempnitate in perpetuum reddendos. Hujus rei testes sunt : Unaudus capellanus meus, Philippus notarius meus, Bonius prepositus Castell. et Petrus maior, Andreas de Nigellis. Quod ut ratum inviolatumque permaneret, ad preces eorum sigilli nostri actoritate roboravimus. Anno verbi incarnati M° C° octogesimo quinto.

(Arch. de la Côte-d'Or. Orig. Fonds Molême, 250.)

1186

Clarembaud, seigneur de Noyers, donne aux religieuses de Jully une rente de cent sols sur les cens de Noyers pour acheter des chaussures, avec l'assentiment de sa femme Ade, de son frère Gui, de ses filles Adeline et Sybille.

Decurrenti cum tempore ne decurrant que geruntur in tempore litterarum memoria solent eternari. Ea propter Ego Clarenbaudus, dominus de Noeriis, notum facio tam presentibus quam futuris quod bona premeditatione et sana compunctus conscientia ecclesie Julliaci ad emendas botas monialium in censibus meis de Noiers centum solidos talis monete qualis et census persolventur dedi, concessi in perpetuum possidendos. Hoc autem feci assensu et voluntate Guidonis fratris mei et Ade uxoris mee et filiarum mearum Adeline videlicet et Sybille. Tali vero conditione quod habitatores predicte ecclesie anniversarium patris mei et matris mee meum et uxorie mee Ade, fratrum meorum Milonis scilicet et Guidonis singulis annis teneantur celebrare. Et ut hoc ratum et in concussum deinceps habeatur sigilli mei auctoritate volui promuniri. Hujus rei testes sunt : Humbertus, tunc prior Julliaci ; Euvrardus ejusdem loci camerarius, Dominicus decanus Tornodori, Jacobus sacerdos de Noiers, Mathildis comitissa Tornodori, Hugo miles de Argenteuil, Johannes vicecomes Langniaci, Stephanus Vileins de Raveriis. Actum est hoc anno ab incarnatione Domini M° C° octogesimo VI.

(Arch. de la Côte-d'Or. Orig. Fonds Molême, 250.)

1187

Manassès, évêque de Langres, notifie que Audo et sa femme Ermengarde de Duesme cèdent aux religieuses de Jully une terre au-delà des bornes du prieuré pour laquelle il y avait contestation. Étienne Villain, seigneur de Ravières, et Pierre, son fils, approuvent.

Ego Manasses Dei gratia Lingonensis episcopus, notum facio quod discordia que ibat inter dominum Audonem, militem et uxorem ejus Hermengardem de Duismo, de terragio quod est inter metas de Julley, quocumque modo ibi aliquid possident, dant illud in elemosynam ecclesie Julliaci in perpetuum possidendum, justitiam de forefactis sibi retinentes, nisi super eos de Julley, qui capitale reddendo qui ibi sunt de justitia. Hoc laudaverunt Stephanus Vilens miles de Raveriis, et Petrus, filius ejus, de quorum casamento illud erat. Testes : Jofridus de Harran, Odo de Marmeigney, Guido de Fontète. — Actum M° C° LXXX° VII°.

— La même année, Audo, chevalier, donne en gage pour cent sols, aux religieuses de Jully, tout ce qu'il a dans les pâtures sises entre les bornes de Jully jusqu'à la séparation du seigneur Etienne Vilens, du consentement dudit Étienne Vilens et de Pierre, son fils, desquels il dépendait.

(Arch. de la Côte-d'Or. Chron. de Molême, n° 162, f° 113.)

1189

Girart-le-Bret (1), seigneur d'Asnières, donne aux religieuses de Jully les pâtures d'Asnières et ce qui lui appartient des pâtures de Ravières. Il reçoit en récompense dix livres, et sa femme Marguerite, une vache.

(Arch. de l'Yonne, Fonds Jully-Asnières. — Ed. *Cartul. de l'Yonne*, t. II, p. 400.)

1189

Gui de Chappes fait une donation à la chapelle d'Oze, relevant de Jully pour sa fille Marguerite qui y était religieuse.

Notum sit tam futuris quam presentibus quod dominus Guido de Capis dedit libere et absolute ecclesie sancte Marie de Capella super Osam, pro filia Margarite, terram que facet justa viam que tendit de Vogreio ad Capellam, totam usque ad nemus ut intus receperetur, et promisit ipse et dominus Clarembaudus frater ejus de cujus feodo erat faciendum illam terram esse pacificatam et quietam, et ut hoc ratum et in concussum maneret dominus Clarenbaudus sigillo fecit sigillari et dominus Guido similiter. Hujus rei testes sunt magister Bertinus tunc cancellarius, dominus Simon juvenis de Lantagio, Regnardus de Fulcheriis, Euvrardus de Loche. Actum fuit anno incarnati verbi M° C° LXXX° VIIII°.

(Arch. de la Côte-d'Or. Orig. Fonds Molême, 307.)

1190

Hugues, duc de Bourgogne et comte d'Albon, notifie qu'après le décès de sa mère Marie, il a donné une rente de cent sols aux religieuses de Jully pour acheter des chemises.

Ego, Hugo, dux Burgundie et Albonii comes, notum facio tam pre-

---

(1) Girart-le-Bret ou li Broz ailleurs, était fils de Barthelemy de Fontaines et petit-neveu de saint Bernard; V. Chifflet, *Genus illustre*.

sentibus quam futuris, quod ego dedi et in perpetuum concessi post decessum matris meæ Mariæ quondam venerabilis Ducissæ Burgundiæ, pro remedio animæ meæ et predecessorum meorum sancti monialibus Jullei centum solidos, pro camisis emendis, annuatim percipiendos in pedagio Castellionis, in festo sancti Remigii, quod factum est laudante Odone, filio meo. Anno verbi M°C°LXXXX°.

(Arch. de la Côte-d'Or. Orig. Fonds Molême, 250.)

1191-1193

Bruno, abbé de Molême, notifie qu'Elvis de Baudement, Louis d'Arcis et Étienne d'Argenteuil, ont donné aux religieuses de Jully une rente sur un moulin à Noyers, à laquelle une religieuse Marie de Montmirail a ajouté une autre rente de quarante sols.

Ego frater Bruno, Dei gratia dictus abbas Molismensis, universis ad quos littere iste pervenerint, notum facio quod Alvuidis de Baldemento Juliaci sancti monialibus XL^{ta} solidos et nobilis dominus Lodovicus de Arsellis XX^{ti} et unum solidos et nobilis vir dominus Stephanus de Argenteolo XX^{ti} solidos in quodam molendino apud Noerias, cellararie reconsinnendos conventui Juliaei annuatim recipiendos concesserunt. Huic etiam donationi monialis quadam, Maria nomine, de Monte Mirabili post decessum suum LX^{ta} solidos precipiendos adjecit. Quod ut ratum et firmum permaneret, sigilli nostri impressione roboravimus.

(Arch. de la Côte-d'Or. Orig. Fonds Molême, 250.)

1192

Pierre de Courtenay, comte de Nevers, et Agnès, sa femme, constatent plusieurs arrangements faits avec Mathilde de Bourgogne, mère d'Agnès, et des donations aux religieuses et au prieuré de Jully-les-Nonains, pour l'anniversaire de la comtesse Mathilde.

In nomine sancte et individue Trinitatis, Amen. Usus litterarum repertus est propter memoriam rerum. Inde est quod ego Petrus, comes Nivernis, et Agnes comitissa, uxor mea, notum fieri volumus universis presentibus pariter et futuris, quod cum domina Mathildis, mater nostra, comitissa Tornodori, dotalitium suum de Tornodoro nobis quittavit, nos benivolentiam et dilectionem quam semper circa nos affectuose semper exhibuit attendentes, ducentas libras monete in eadem villa, cursalis in redditibus quamdiu vixerit, annuatim usque ad octabas omnium sanctorum percipiendas, voluntarie et pià intentione dedimus et concessimus. Et propter hæs ducentas libras tercentum solidos ejusdem monete duabus ecclesiis sic divisos : ecclesie et capitulo beati Mammetis lingonensis centum solidos, et ecclesie et sanctimonialibus de Juliaco, decem libras, pro anniversario ejusdem comitisse, in utraque ecclesia faciendo ad octabas sancti Remigii in perpetuum dedimus et concessimus, quos in stallis et ventis de Tornodoro prefatis ecclesiis assignavimus. Redditus autem stallorum et ventarum Tornodori que sexaginta et decem libras valere noscuntur supradicta domina nostra, pro sexaginta et decem libris sibi et dictis ecclesiis libenter et precise retinuit. Ita quod si plus vel minus valerent hii redditus nichil inde ei subtraheretur vel augeretur. De his itaque sexaginta et X lib. memorata domina nostra quinquaginta et quinque libras in vita sue accipiat. Reliqui vero CCC solidi qui de his superscriptis redditibus duabus dictis ecclesiis sicut supradictum est et ut in litteris nostris continetur in scriptis perpetuo reddentur. Item in festagio et in redditibus Tornodori et in censu pratorum de nemore Cruisiaci et in censu domorum et in aboonamento castri Cruisiaci septies XX^{ti} lib. et C sol. eidem domine nostre assignavimus. Quod si festagium Tornodori aliquo casu mutari contigerit nos aut heredes nostri ad libitum et arbitrium sepedicte Comitisse quicquid de redditibus his deficeret ad plenum supplebimus, et in terra nostra ubi ipsam pocius elegerit reassignabimus. Donavimus etiam eidem domine nostre duos homines in villa Tornod., unum cui nomen est Paris cum filio suo maiori, et alterum Rancias appellatum quos liberos ab omni exactione eidem quitavimus. Ut autem hec rata et illibata in futurum permaneant, ego P. comes et A. comitissa hec omnia presenti scripto annotari et sigillorum nostrorum munimine fecimus roborari. Ad maioris etiam robur confirmationem, Philippus dominus noster illustris rex Francorum ad petitionem nostram ad ipsum firmiter teneri faciet et litteras suas de nostra voluntate factas et sigilli sui autoritate munitas memorate tradidit comitisse. Preterea dominus G. Senonensis archiepiscopus et dominus Lingonensis de cujus feodo castellum et in cujus episcopatu comitatus Tornod. consistit, dominus etiam H. Autissiodorensis, et dominus J. Nivernensis episcopus, ad petitionem nostram id idem similiter manu capientes litteras suas de mandato nostro memorate comitisse pariter tradiderunt. Hoc ipsum confirmantes hoc modo quod si nos ego scilicet P. comes Autissiod. aut A. comitissa uxor mea, vel aliqui de successoribus nostris huic nostre donationi obviare aut contradicere sumpserimus unusquisque supradictorum in episcopatis suo sine dilatione exquo clamor eis innocuerit personas nostras in terram nostram excommunicationi supponet, donec sit emendatum quicquid super hoc fuerit irrogatum. Hujus rei testes sunt; comitissa Montis Pancerii domina Disesie, Cano de Betuna, Robertus de Vavrin; Letericus Bailledart, Milo Boenus, Jobertus Damaisi, Guillelmus Oldiez, Petrus de Corchum, Magister Thomas, Magister Zacharias, Guillelmus clericus comitis, Dominus Hamo capellanus. Actum anno verbi M° C° nonogesimo secundo.

(Arch. de la Côte-d'Or. Orig. Fonds Molême, 306.)

1196

Donation d'une rente pécuniaire aux religieuses de Jully, par Mathilde, comtesse de Grignon, pour acheter des bréviaires.

Ego Odo, Dei gratia Molismensis abbas universis notum facio quod Mathildis, nobilis comitissa de Grinone dedit Deo et beate Marie nec non et monialibus Juliaci mille solidos ad compreandos annuos redditus centum solidorum ad emenda oralia monialibus. Johannes vero prior et Petronilla priorissa Julei cum conventu direptis mille solidis in domibus suis Barrensibus concesserunt singulis annis capi centum sol. ut ex eis oralia monialium comparentur. Actum hoc anno incarnati verbi M° C°

LXXXX° VI° sigillorum nostrorum impressione munivimus, ut in posterum ratum habeatur ut in firmum.

(Arch. de la Côte-d'Or. Orig. Fonds Molême, 250.)

1197

Saboeth, dame de Bissey, donne à l'abbaye de Quincy, avec l'approbation de ses fils Hugues et Eudes, deux sols de rente sur les prés de Sémont. Témoins : Hervé de Fontaines, frère de ladite Saboeth ; Rocelin, moine de Quincy; Jean, prieur de Jully; frère Galo, maître de La Loge.

(Orig. Arch. Côte-d'Or. Fonds de l'abbaye de Quincy, carton 621.)

1197

Gauthier de Brienne donne aux religieuses de Jully 5 sous de rente à prendre chaque année sur le droit de péage de Montigny.

(Ann. de l'Aube, 1854, p. 64. L. Coutart. Sans indicat. de provenance.)

1197

Robert Feudre, de Ricey, donne à Jully plusieurs terres, à cause de ses filles qui y sont religieuses.

(Ann. de l'Aube, 1854, p. 64. L. Coutant. D'après Viguier.)

1197

Pierre, maire de Châtillon, avec l'approbation de Lambert, son fils, et de ses autres enfants, donne aux religieuses de Jully une rente de vingt et un sols sur les étaux devant sa maison de Châtillon pour l'entretien d'un lampe.

Ego R. Carnotensis episcopus et H. decanus Lingonensis notum facimus omnibus has litteras visuris; quod Petrus, maior Castellionis, laude et assensu Lamberti, filii sui et omnium aliorum tam filiorum quam filiarum, pro anima uxoris sue in elemosinam concessit XX^u solidos ecclesie de Julleii, annuatim capiendos in stellis qui sunt ante domum ejus apud Castellionem, ad serviendum uni lampadi in ecclesia. Hujus rei testes sunt O. abbas Molismi, Humbertus de Varennis, Hericus presbiter, Johannes de Hasenville. Factum est hoc anno verbi incarnati M°C°L° XXXX° VII°.

(Orig. Fonds Molême, 250.)

1198

Clerembaud de Chappes donne une rente sur Chappes aux religieuses de Sèche-Fontaine, relevant de Jully.

Ego Clarembaudus, dominus Caprarum, concessi sanctimonialibus de Sicco Fonte unum sextarium annonæ in parte mea quam habeo in decima de Capis, pro tertio sextæ partis ejusdem decimæ, quam eis dederat Herveus de Poliseto. Erit enim hujus sexterii pars quarta de frumento et tres aliæ de annona manducabili, quam utique pactionem ideo ordinavi et laudavi, quia de feodo meo movebat. Hanc etiam pactionem Hellissendis uxor mea et filii mei Clarembaudus, et Galterus et Guido et Elesabeth, filia nostra. Actum 1198.

(Papiers Viguier. Bibl. nat.)

1200

Ego Bernardus, dictus abbas Fonteneti, et ego Margarita, priorissa Juliaci... font accord pour les pâturages de Senevoy.

Testes : Gervasius camerarius, Ysembaudus capellanus Juliaci, Hugo et Willermus cellerarii Fonteneti, Gosbertus de Ansy et Johannes de Seneveio, milites, Theobaudus, prepositus Montisbarri.

(Arch. de la Côte-d'Or. Chron. de Molême, n° 152, f° 126. — Original. Arch. de la Côte-d'Or. Fonds de l'abbaye de Fontenay, carton 584.)

1201

Rainier de Chandoiseau, chevalier, donne à l'abbaye de Fontenay et aux religieuses de Jully, ce qu'il possède de droits à Senevoy, avec l'approbation de son fils Ponce, de ses filles Sybille et Gallia, de son gendre Robert, époux de Sybille. Témoins : Robert, archiprêtre de Touillon; Guillaume, chapelain de Chacy; Robert; Mile de Grignon; Huoz, fils d'Olivier de Grignon; Hugues et Guillaume, celleriers, et Jean de Buffon, moines de l'abbaye de Fontenay.

(Orig. Arch. de la Côte-dOr. Fonds Fontenay, carton 584.)

1202

Érard de Chacenay donne plusieurs pièces de terre à Jully.

(Ann. de l'Aube, 1854, p. 65. L. Coutant. Sans indicat. de provenance.)

1202

Gaucher, abbé de Molême, et Marguerite, prieure de Jully, notifient qu'Agnès, camérière de Jully, a acheté de Thomas de Laignes trois setiers de blé, mesure de Bar-sur-Seine, sur la dîme de Montoillot-sous-Giez. Thomas avait deux de ses filles religieuses à Jully.

(Orig. Fonds Molême, 258.)

1202

Clerembaud, seigneur de Chappes, notifie que Thomas, fils de Rocelin de Laignes, a donné au monastère de Jully, pour sa fille qui y était religieuse, trois setiers de froment et trois d'avoine sur les dîmes de Giez.

Ego Clerembaudus, dominus de Capis, notum facio presentibus et futuris quod dominus Thomas filius domini Roscelini de Lania dedit Deo et beate Marie et monialibus de Juleio ibidem Deo servientibus, pro Elisabeth filia sua ibi monialis facta, tria sextaria frumenti et tria avene in decima de Gii, annuatim percipienda ad magnam matreram, tali videlicet conditione quod nemo pro messem ante moniales de predicta decima in **grangia** mensurabit, laudente uxore sua Agnete et filiis suis Odone, Renaudo, Clarembaudo et filiabus suis Amelina, Adelina, Gila. Et ut hec elemosina perpetua et inconcessa permaneat, quia de feodo meo est, laudavi et sigillo meo confirmavi. Actum est hoc anno Domini millesimo ducentesimo secundo.

(Arch. de la Côte-d'Or. Orig. Fonds Molême, 258.)

1203

Lambert de Bar, chambrier de Blanche, comtesse de Troyes, donne une rente aux religieuses de Jully.

Ego Lambertus de Barro, Blanche Trecensis comitisse camerarius, notum facio presentibus et futuris, quod ego pro me et heredibus meis dedi et concessi in perpetuum dominabus de Julleyo xx sol. reddituales in domo mea que sita est juxta domum Radulfi de Furno singulis annis die resurrectioris dominice eisdem reddendos, quicumque domum illam manuteneat. Actum anno Dominice incarnationis M° CC° tercio.

(Arch. de la Côte-d'Or. Orig. Fonds Molême, 250.)

1204

Elissande, comtesse de Bar-sur-Seine, notifie une donation d'Itier de Chesnoi et de Guillaume, son frère, aux religieuses de Sèche-Fontaine. Actum est hoc in anno illo quo dominus meus erat ultra mare.

(Arch. de la Côte-d'Or. Fonds Molême, carton 45.)

1204

Pierre, comte d'Auxerre et de Tonnerre, et sa femme, reconnaissent les donations de dix livres de rente faite en 1192 par Mathilde, leur mère, à Jully-les-Nonains sur les estages, étaux et autres de Tonnerre.

(Arch. de Dijon. Chron. de Molême, n° 152, f° 130.)

1205

Milon de Bar-sur-Seine donne à Jully six livres sur le péage de Molesme à Bar, qui sont affectées pour avoir des paillasses aux religieuses.

(Ann. de l'Aube, 1854, p. 65. L. Coutant. Sans indicat. de provenance.)

1205

Barthelemy de Polisy donne à Jully plusieurs portions de bois qu'il possède près d'Avalleurs.

(Ann. de l'Aube, 1854, p. 65. L. Coutant. Sans indicat. de provenance.)

1206

Gaucher, abbé de Molême, et Bernard, abbé de Fontenay, notifient la donation faite par Hugues de Noyers, évêque d'Auxerre, aux religieuses de Jully-les-Nonains, de deux muids de blé de rente sur la terre de Pisy.

Cum et homines et hominum facta per temporis successionem maxime dilabuntur, ad perpetuam posterorum noticiam scripture que unicum est oblivionis remedium commendare curavimus, quod venerabilis et commendabili memoria dignus, Hugo Autisiodorensis episcopus saluti anime sue pia devotione comsulens, sanctimonialibus de Juliaco donavit in perpetuam elemosinam duos modios bladi videlicet unum frumenti et unum ordei apud Pisiacum, singulis annis percipiendos, qui videlicet modii de redditibus, ecclesie Juliacensis existentes, sed sub titulo pigneris obligati de proprio ejusdem episcopi redempti sunt sub summa centum librarum Divionensium. Statutum est autem in capitulo Juliaci de communi assensu sanctimonialium quod de prememorato blado in manu cellerarie semper ponendo facienda sit per singulos annos quamdiu vixerit jam dictus episcopus, in die purificationis beate virginis generalis procuratio de bono pane de bono vino de bona pitantia. Post decessum autem sepedicti pontificis in die anniversarii sui, a predictis sanctimonialibus devote ac sollempniter celebrati prelibata procuratio fiet singulis annis, predicto modo in perpetuum conservanda. Quod ut illibatam habeat firmitatem, ego Gaucherus Molismensis abbas sigilli nostri munimine roboravi sub vinculo anathematis percipiens, ne quis hec statuta nostra maligna tergiversatione temerare presumat. Hoc idem venerabilis abbas Fonteneti Bernardus sub testimonio roboravit. Sancte moniales etiam his statutis communem prebuerunt assensum, et sigilli sui munitione tenendum hoc in perpetuum, ob felicem memoriam prenominati antistitis laudabiliter confirmaverunt. Actum anno millesimo ducentesimo sexto.

(Arch. de la Côte-d'Or. Orig. Fonds Molême, 250.)

1208

Milo, comte de Bar, notifie une donation de sa sœur Elvis aux religieuses de Sèche-Fontaine, relevant de Jully.

Ego Milo, comes Barri super sequanam, notum facio tam presentibus quam futuris, quod Elvis, soror mea, domina de Beleno, dedit in perpetuam elemosinam Deo et ecclesie beate Marie de Sicco Fonte modagium vinearum ejusdem ecclesie quas habet in finagio de Beleno, et de omnibus vineis quas poterunt acquirere in finagiis de Belleno. Hoc laudaverunt filie predicte Helvis. Et sciendum est quod domine de Sicco Fonte dederunt jam dicte Helvis vineam unam quam habebant inter suas. Actum est hoc anno 1208.

(Arch de la Côte-d'Or. F. Molême, carton 45.)

1208

Robert, évêque de Langres, donne, pour son anniversaire, quarante sols dijonnais sur ses cens de Mussy aux religieuses de Jully.

Ego Robertus, Dei gratia Lingonensis episcopus, notum facio omnibus tam presentibus quam futuris, quod ego dedi Deo et monialibus de Juliaco pro anniversario meo faciendo quadraginta solidos Divion. Annuatim eis reddendos in censibus de Musseio, ad festum sancti Remigii, ita quod quicumque sit prepositus Mussei eos reddere tenetur monialibus nominatis. Actum anno gratie M° CC° octavo.

(Arch. de la Côte-d'Or. Orig. Fonds Molême, 250.)

1208

Clerembaud, seigneur de Chapes, notifie que Thomas, chevalier, de Gyé, a donné en aumône à Jully, pour sa fille qui y avait pris l'habit de religieuse, du consentement de sa femme Agnès, et de ses fils Eudes, Rainaud, Guillaume avec ses autres enfants, trois setiers de blé mesure de Bar-sur-Seine, sur sa ville de Neuville (Nova Villa).

(Arch. de la Côte-d'Or. Orig. Fonds Molême, 258.)

1210

Mathieu de Gigny donne aux religieuses de Jully la dîme d'Espailly et une rente en grains à Gigny. Sa femme et ses huit enfants approuvent, ainsi que ses seigneurs féodaux Mathilde de Rochefort et son fils Haymon.

Ego Wilhelmus, Dei gratia Lingonensis episcopus, notum facio presentibus et futuris, quod Matheus, miles de Genniaco, vendidit sanctimonialibus Juliaci pro triginta libris Pruvenientium decimam de Espalli. Preterea dedit in perpetuam elemosinam Deo et eidem ecclesie unum sextarium bladi medietatem frumenti et aliam ordei apud Genniacum; et septem denarios annui census ibidem quas ei debebant Juliacenses acquitavit et partem suam pasture finagii Genniaci quam elemosinam eis concessit. Hec omnia facta fuerunt laude et assensu uxoris sue Guiburgis et filiorum filiarum que suarum : Jacobi, Hugonis, Odonis, Andree, Adam, Guiberti, Adeline, Emengardis, laude etiam et voluntate Mathildis de Rocaforti et filii ejus Haymonis, de cujus casamento erat predicta decima. Quod ut ratum in perpetuum permaneat, sigilli mei auctoritate munivi. Actum anno gracie millesimo ducentesimo decimo.

(Arch. de la Côte-d'Or. Orig. Fonds Molême, 250.)

1210

Isabeau de Summostier, femme d'Humbaud, donne à Jully le sixième des dîmes de Summostier. Hugues, frère d'Humbaud, approuve.

Ego W. miseratione divina Lingonensis episcopus, notum facio omnibus presentes litteras inspecturis, quod domina Isabella de Summostier, uxor domini Humbaudi, laude et assensu matris sue domine Besollet et fratris sui Guidonis pro remedio anime sue et antecessorum suorum in elemosinam perpetuam dedit sanctimonialibus de Juliaco sextam partem tertiarum apud Summostier que ad ipsam hereditario jure spectabant. Hanc autem donationem esse factam recognoverunt Humbaudus maritus predicte Isabelle et Hugo frater ejusdem Humbaudi, in mea presentia constituti. Quod ut ratum et firmum habeatur, sigilli mei munimine roboravi. Actum anno domini millesimo CC° X°.

(Arch. de la Côte-d'Or. Orig. Fonds Molême, 250.)

1211

Don de pâtures à Senevoy aux nonains de Jully par Emeline de Senevoy et sire Joffridus, son frère.

Ego Wilhelmus, miseratione divina Lingonensis episcopus, omnibus tam presentibus quam futuris notum facio, quod domina Emelina de Senevoi in presentia mea constituta dedit Deo et beate Marie et monialibus de Juilleio octavam partem quam habebat in pastura de Senevoi, laude et assensu filie sue et generi sui. Preterea dominus Joffridus frater dicte E. dedit similiter Deo et ecclesie Julliacensi pro remedio anime sue et antecessorum suorum, quatuor denarios et obolum Autissiodorensis et plenam mensuram avene apud capellam quam Brocardi debent tam blado quam denariis singulis annis in festo beati Remigii persolvendis. Actum anno gratie M° CC° undecimo.

(Arch. de la Côte-d'Or. Orig. Fonds Molême, 250.)

1211

Odo, sire de Grancey, donne à Dieu et à N.-D. de Jully et aux religieuses y servant Dieu pour aumône, cinq setiers de blé sur les tierces de Larrey, moitié blé et moitié avoine, mesure de Rougemont, et deux sols de cens; lequel cens les religieuses lui doivent sur les prés de Bissey. Approuvé par sa femme Clémence et ses fils Odon et Girard (ou Euvrard).

(Arch. de Dijon. Chron. de Molême, n° 152, f° 137.)

1211

Clerembaud de Chappes abandonne plusieurs pièces de terre à Jully.
(Ann. de l'Aube, 1854, p. 65. L. Coutant. Sans indicat. de source.)

1211

Guy de Chappes, seigneur de Jully, donne aux religieuses de Sèche-Fontaine un setier de blé à prendre sur sa part des dîmes de Chappes; cette donation est faite par devant l'évêque de Langres. La charte était scellée d'un sceau en cire rouge, avec croix ancrée.

(Ann. de l'Aube, 1854, p. 65. L. Coutant. D'après Viguier. — Coll. Delamarre, bibl. nat.)

1214

Pétronille, fille de Philippe de Prait, donne à Jully deux parts des dîmes de Jouancy. Pétronille et son fils reçoivent en faveur de cette donation cinquante livres provinoises; Adeline, femme de Guillaume, une vache et son veau.

Ego Willelmus divina miseratione Lingonensis episcopus. Notum facio omnibus tam presentibus quam futuris quod Petronilla, filia domini Philippi de Prait vendidit et quittavit in perpetuum domui Juliaci duas partes omnium decimarum de Juvance, que pertinebant ad ipsam, videlicet tam bladorum quam omnium aliorum fructuum de agricultura provenientium et totum tractum ipsius decime. Moniales vero de Juliaco dederunt eidem et filio suo Guillelmo pro hac venditione quinquaginta libras pruvin. et Adeline uxori ejusdem Wilhelmi unam vaccam cum suo vitulo pro laude. Agnes vero cameraria pro remedio anime sue medietatem hujus pecunie scilicet XXV libras solvit. Et domina de Moni cum filiabus suis Margarita et Maria moniales alteram medietatem apposuerunt. Hoc totum laudavit Wilhelmus ejusdem domine Petronille filius et dicta Adelina uxor ejus et Willelmus filius ejusdem Wilhelmi et Margarita filia ejus. Actum anno gratia M°. CC°. XIIII.

(Arch. de la Côte-d'Or. Orig. Fonds Molême, 250.)

1214 AOUT.

Manassès de Senevoy, du consentement de sa femme Agnès, de ses filles Hodiart et Lorette, donne aux religieuses de Jully droit de pâture au finage de Senevoy, à cause d'une de ses filles qui y avait été reçue.

W. divina miseratione Lingonensis episcopus omnibus presentes litteras inspecturis salutem in domino. Universati vestre notum facimus quod dominus Manasses de Seneveyo, miles, pro remedio anime sue et antecessorum suorum, dedit in perpetuum et concessit Deo et beate Marie de Julleyo, laude et assensu uxoris sue Agnes et filiarum suarum Hodiart et Lorete quicquid habebat in pasturis finagii de Seneveyo ad omne genus animalium suorum, filie nostre sanctimoniales de Julleyo contulerunt predicto M. in perpetuum quoddam pratum quod est subter domum ejusdem M. sub annuo censu novem denariorum Altysiodorensium ad festûm sancti Johannis Baptiste solvendorum. Quod ut ratum habeatur et firmum presentem cartam sigillo nostro fecimus roborari. Actum anno dominice incarnationis M°CC° quarto decimo, mense Augusto.

(Arch. de la Côte-d'Or. Orig. Fonds Molême, 250.)

1214

Guy de Chappes donne à la chapelle d'Oze, dépendance de Jully, toutes les terres qu'il y avait jusqu'à Vaugron.

(Ann. de l'Aube, 1854, p. 65. L. Coutant. Sans indicat. de provenance.)

1215

Girard, seigneur de Durnay, donne aux religieuses de Jully trois setiers de blé sur les moulins de Verpillière, dont sa sœur et sa mère, religieuses à Jully, jouiront, et, après leur mort, cela appartiendra à la communauté.

(Arch. de Dijon. Chron. de Molême, n° 152, p. 141.)

1216

Guillaume, évêque de Langres, notifie que Gui, chevalier, d'Ancy (le Franc), a donné aux religieuses de Jully un pré à Chassignelles et divers biens. Jobert d'Ancy approuve comme seigneur féodal, ainsi que Jobert et Elisabeth, fils et fille de Gui.

(Arch. de la Côte-d'Or, Fonds Molême, 270. — Sera publié dans les sires d'Ancy-le-Franc.)

1216

Foulques de Bourbonne et sa femme Agnès donnent aux religieuses de Jully une rente de grains sur les tierces de la chapelle pour trois de leurs filles qui y étaient religieuses.

Ego Willermus, Dei gratia Lingonensis episcopus, notum facio tam presentibus quam futuris quod dominus Fulco, miles, de Borbonii et Agnes uxor ejus dederunt in elemosynam pro remedio anime sue et antecessorum suorum, tribus sororibus monialibus Julliaci videlicet Regine, Egidie et Sare, quinque sextaria bladi tria de frumento et duo de ordeo in terciis de Capella, singulis annis in festo sancti Remigii recipienda. Addicientes etiam et concedentes illis post decessum earum cuilibet voluerint predictam elemosinam adsignabunt possidendam. Et ne hoc autem in posterum infirmatur, sigilli nostri munimine fecimus roborari. Actum est hoc anno verbi incarnati M° CC° sexto decimo.

(Orig. fonds Molême, 250.)

1218

Barthélemy de Polisy (qui avait épousé la veuve d'André de Montbard) donne aux religieuses de Jully les deux parties des trois qu'il avait sur les dîmes d'Avirey, du consentement de Guy de Chapes. En échange, les religieuses lui donnèrent soixante livres monnaie de Provins, alors qu'il partait en croisade. Gauthier, frère de Barthélemy, et les neveux de ce dernier : Itier de la Broce, Geoffroi ; Guillaume et Barthélemy de Grignon, frères, approuvent. Barthélemy, le plus jeune des frères, n'était encore qu'écuyer.

(Arch. Côte-d'Or, Chron. de Molême, n° 152, p. 144. — Bibl. nat. Papiers Viguier).

1219

Mile, comte de Bar-sur-Seine, donne aux religieuses de Jully une rente sur le péage de Bar.

Ego Milo, comes Barri super Secanam. Notum facio omnibus presentes litteras inspecturis, quod ego dedi et concessi Deo et sanctimonialibus de Juliaco decem libras Pruvin. singulis annis percipiendas in pedagio et foro de Barro super secanam. In cujus rei testimonium presentes litteras sigillo meo feci sigillari. Actum anno domini M°CC°X°IX°.

(Orig. fonds Molême, 250, Arch. de la Côte-d'Or.)

1219

Marie, prieure de Jully, déclare avoir remis à la chambrière de ce monastère la rente que Mile, comte de Bar-sur-Seine, avait donné sur le péage de Bar pour faire des manteaux aux religieuses.

Ego M. priorissa Julei omnibus litteras istas inspecturis. Notum facio quod totius capituli nostri requisitione, tradidimus in manibus camerarie rentam quam nobilis comes Barri Milo super sequanam nobis dedit scilicet X^{cem} libras Pruvin. in pedagio et in forro Barri, ad usus pelliciarum sanctimonialium faciendum. Tali conditione quod prefata cameraria annuatim in die anniversarii M. comitis totum conventum intus et foris pascet sollempniter de eadem renta. Actum est hoc anno incarnati verbi M°CC°X°IX°.

(Orig. fonds Molême, 250, Arch. de la Côte-d'Or.)

1219

Sentence donnée par l'official de Tonnerre contre les chapelains de Fulvy qui demandaient les dîmes aux religieuses de Jully, à cause des moulins de Fulvy et du bator (batoir), et de la possession et de la nourriture des animaux dudit moulin. Les chapelains condamnés aux dépens, à sept livres monnaie d'Auxerre.

(Arch. Côte-d'Or, Chron. de Molême, n° 152, p. 145.)

1219

Jobert, seigneur d'Ancy-le-Franc, notifie qu'Elisabeth d'Estais, du consentement de ses fils Maiz et Baudouin, donne à Jully le quart des tierces que possédait Itier d'Annoux. Lucie, fille d'Élisabeth, était religieuse à Jully.

(Orig. fonds Molême, 254, Arch. de la Côte-d'Or. — Sera publié aux sires d'Ancy-le-Franc.)

1220

Hugues de Montréal, évêque de Langres, atteste que Manassès de Pougy a donné aux religieuses de Jully la part de dîme qu'il avait à Polisot vers Bar-sur-Seine. Elvis, femme de Manassès, approuve.

Ego Hugo, Dei gratia Lingonensis episcopus, omnibus presentes litteras inspecturis, notum facio quod vir nobilis Manasserus de Pogeio in mea presentia constitutus, recognovit se dedisse et concessisse Deo et ecclesie Julliaci et monialibus ibidem Deo servientibus, sextam partem decime tam bladi quam vini quam habebat apud Polesetum juxta Barrum super sequanam, et quicquid habebat in eadem decima. Et hanc donationem laudavit Elvys uxor dicti Manasseri de cujus capite movebat. Ego vero ad petitionem prefati Manasseri prescriptam donationem confirmavi et sigilli nostri munimine roboravi. Actum anno domini millesimo ducentesimo vicesimo.

(Orig. fonds Molême, 250, Arch. de la Côte-d'Or.)

1220

Erard, seigneur de Chacenay, approuve la donation des dîmes de Polisot faites par Manassès de Pougy aux religieuses de Jully.

Ego Eraldus, dominus Chacenai, notum facio omnibus presentes litteras inspecturis, quod Manasserus, dominus Pougiaci, et uxor ejus coram nobis constituti, concesserunt monialibus de Juliaco in elemosinam, quicquid juris habebant in decima de Pollisset, quam decimam tenebat a nobis in feodo, illam vero donationem approbando concedo. Ut autem ratum et inconcussum permaneat sigilli mei caractere confirmavi. Datum anno gratie M°CC°XX° mense januario.

(Orig. fonds Molême, 250, Arch. de la Côte-d'Or.)

1220

Hugues de Montréal, évêque de Langres, atteste que Lambert, chevalier, de Châtillon, a donné aux religieuses de Jully vingt sols pour acheter l'huile nécessaire pour une lampe à entretenir dans cette église.

Ego Hugo, Dei gratia Lingonensis episcopus, notum facio omnibus tam presentibus quam futuris quod Lambertus, miles, de Castellione, in presentia mea constitutus, dedit in perpetuam elemosinam ecclesie Julliaci viginti solidos Divion. pro oleo emendo ad usum unius lampadis in ecclesia predicta, singulis annis in octavibus Pasche, reddendos, de decem libris quas predictus L. miles habet in venta de Castellione. Ego vero de cujus feodo res supradicta movet predictam elemosinam laudavi. Quod ut ratum permaneat presentem paginam sigilli mei munimine roboravi. Actum anno gratie millesimo ducentesimo vicesimo mense februarii.

(Orig., fonds Molême, 250, Arch. de la Côte-d'Or.)

1220

Edmée, prieure de Jully, et tout son couvent remettent à la camérière la rente que Milon, comte de Bar, lui a donnée sur le péage, le four de Bar et les fourrures : le tout sous la condition que la dite camérière, tous les ans, le jour de l'anniversaire dudit comte, donnera à dîner solennellement avec lesdits revenus (1).

(Ann. de l'Aube, 1854, p. 66. L. Coutant, sans indicat. de sources.)

1223

Pétronille, dame de Jully le Châtel, donne aux religieuses de Jully-les-Nonnains le quart du four du bourg de Bar-sur-Seine, dont sa fille Ermengarde, religieuse de Jully, touchera le revenu sa viedurant.

Ego Petronilla, domina Castri Jullei, omnibus notum facio quod ego dedi et concessi in perpetuam elemosinam ecclesie Jullei, et sanctimonialibus ibidem Deo servientibus, quartam partem furni de burcho Barri super sequanam. Hoc autem adjuncto quod filia mea Ermengardis ejusdem ecclesie monialis quamdiu viveret possidebit. Quod ut ratum fiat et stabile, sigilli mei testimonio roboravi. Actum est hoc anno verbi incarnati M° CC° XX° III°.

(Orig., fonds Molême, 250, Arch. de la Côte-d'Or.)

1224

Jobert, sire d'Ancy, voulant aller à Saint-Jacques, donne en aumône

---

(1) Cette Edmée ne figurait pas sur la liste des prieures que nous connaissions ; mais, pour plus de sûreté, je préférerais voir la charte originale, si elle existe encore.

aux religieuses de Jully, dix sols de rente à prendre annuellement sur les cens d'Ancy, du consentement de Jehanne, sa femme.

(Arch. de Dijon, Chron. de Molême, n° 152, p. 150.)

1225

Thomas de Laignes donne trois setiers de froment et trois d'avoine sur les dîmes de Giey, par préciput, pour sa fille religieuse à Jully, du consentement de Blanche, reine de France, et veut que les religieuses en jouissent nonobstant la forfaiture d'Odon, auquel appartiennent lesdites dîmes.

(Arch. de Dijon, Chron. de Molême, n° 152, f° 126.)

1225 Juin

Garde du monastère de Jully-les-Nonnains.

Ego Philippus, Planceii dominus, notum facio universis quod ego accepi in feodum a domino Guidone Castellionis, comite sancti Pauli, custodiam Juleii abbatie et quicquid milites de Senevoi a me tenent in feodum, et quicquid habeo ad Villam Dei, et stagnum quod est juxta Villam Dei et molendina que sunt in dicto stagno. Ita scilicet quod ex dictis rebus, ego sum homo ligius dicto Guidoni comite sancti Pauli, post legitimationem comitis campanie et comitisse Trecensis, et domini Clarembaudi de Capis et domini Guillelmi Montis-Sancti-Johannis. Et sciendum quod ille qui res predictas post decessum meum tenebit erit homo ligius dicti Guidonis comiti sancti Pauli vel ejus heredibus. In cujus rei testimonium presentes litteras sigillavi. Actum anno domini millesimo CC° XXV° mense junio.

Arch. de l'Yonne, Cartul. du comté de Tonnerre, f° 84 v°.

1226 Août

Jobert, seigneur d'Ancy-le-Franc, donne aux religieuses de Jully, avec l'approbation de sa mère Bure, de sa femme Jeanne, de son fils Guillaume, de sa fille Jeanne et de ses autres enfants, ses tierces de Cusy.

(Orig., fonds Molême, 254, Arch. de la Côte-d'Or. — Sera publié aux sires d'Ancy-le-Franc.)

1226

Le doyen de Vendeuvre notifie qu'Agnès, prieure de Jully, et Ermengarde, religieuse, fille de Gui de Chappes, ont amodié à Ytier, de Villeneuve, et à sa femme, le quart du four de Villeneuve.

Ego H. decanus Vendopere, notum facio omnibus presentes litteras inspecturis quod A. priorissa Julleii et Ermengardis sanctimonialis ejusdem loci, scilicet filia domini Guidonis de Capis, et omnis conventus Julleii, domino Yterio, de Villanova et ejusdem uxori quartam partem furni dicte ville admodiaverunt ad vitas dicti Yteri et uxoris ejusdem possidendam pro uno sextario frumenti laudabili ad mensuram Barri super sequanam, annuatim recipiendo in festo sancti Remigii. Et si oporteret dictum furnum reedificare, nichil ibi ponerent dicte sanctimoniales. Post decessum vero illorum quarta pars furni superius dicta libere ad ipsas revertetur, et tunc in reedificationem sepedicti furni quartam partem apponent. In cujus rei testimonio presentes litteras sigillo meo confirmavi. Actum anno domini M° CC° XX° VI°.

(Orig., fonds Molême, 258, Arch. de la Côte-d'Or.)

1226

Mathilde, comtesse de Tonnerre, reconnaît avoir donné 10 livres de rente à Jully-les-Nonnains, à prendre sur les étaux et ventes de Tonnerre.

(Arch. de la Côte-d'Or, Chron. de Molême, n° 152, p. 152.)

1226

Étienne, abbé de Saint-Michel de Tonnerre, notifie un arrangement entre les religieuses de Fontainebleau et le curé de Lignères, en présence de Gui, comte de Nevers et de Forez, et de divers autres personnages. *Franchevaux*

Nos Stephanus, abbas sancti Michaelis Tornodorensis, notum facimus universis presentes litteras inspecturis, quod cum controversiæ esset inter moniales de Frainchevaus ex una parte, et Yngrannum presbyterum de Ligneriis ex altera, super eo quod dicte moniales petebant a dicto Yngranno quemdam vineam sitam apud Tornodorum; tandem ab utraque parte compromissum fuit in nos, et vallata fuit compromissio per fidem dicti presbiteri et per plegium datum a monialibus supradictis. Nos vero auditis hinc inde prepositis decimis et statuimus quod dicte moniales dictam vineam de cetero quiete et pacifice tanquam suam propriam possiderent, et dictus presbiter quemdam domum que condam fuit defuncti Stephani Janitoris quam dictis monialibus concesserat sicut dicebatur, tanquam suam propriam haberet et de eadem ad suum beneplacitum ordinaret. Hujus rei testes sunt : nobilis vir Guido, comes Nivernensis et Forensis, Bertholomeus de Cruseio, Furnerius de Tornodoro, Colinus de Castellione milites, Hericus official. Tornod. magister Theobaldus thesaurarius capelle Tornodor. magister Johannes de Molonno, Manasses presbyter de Floeni, Galterus de Meso balivus et Droco propositus Tornod. qui presentes adfuerunt. Actum apud Tornodorum die veneris proxima ante exaltationem sancte crucis, anno domini M°CC° vicesimo sexto.

(Fonds Molême, 250. Orig. Arch. de la Côte-d'Or.)

1226 septembre.

Girard, seigneur de Durnai, et sa femme Marguerite, donnent aux religieuses de Jully dix livres sur le péage de Vendeuvre, à cause de leur sœur et de leur fille qui y étaient religieuses.

Ego Girardus, dominus Durnai, et Ego Margarita, uxor ejus; notum facimus universis presentes litteras inspecturis, quod nos dedimus et concessimus Agneti filie nostre et Margarite sorori mee, monialibus de Julleio, laude et assensu karissimorum parentum meorum et filiorum meorum Girardi et Milonis et aliorum, X libras in pedagio Vendopere annuatim ad vitas suas in octavis pasche persolvendas. Si enim pedagium dictas libras proficere non poterit de bladio territorii dicte ville supplebit defectus, et post decessum ipsarum scilicet Agnete et Margarite remanebunt conventui de Julliaco. C. sol. pro animabus earum et nostrarum in perpetuum possidendum. In cujus rei testimonium presentes litteras ego G. sigilli mei feci munimine roborari. Actum anno domini M°CC°XX°VI° mense septembri.

(Orig. Fonds Molême, 250. Arch. de la Côte-d'Or.)

1228

Jobert, seigneur d'Ancy-le-Franc, donne aux religieuses de Jully une rente de dix setiers de bled et seigle, mesure d'Ancy, sur les tierces de cette ville. Sa femme Jeanne, son fils Guillaume et ses autres enfants approuvent.

(Orig. Fonds Molême, 254. Arch. de la Côte-d'Or. — Sera publié aux sires d'Ancy-le-Franc.)

1229

Hugues de Montréal, évêque de Langres, notifie que Mathieu, chevalier, de Gigny, avec l'approbation de sa femme Chevrerie et de ses cinq enfants, ont donné aux religieuses de Jully et du Puits-d'Orbe la moitié des dîmes de Sainte-Colombe.

Ego Hugo, miseratione divina Lingonensis episcopus, notum facio presentibus et futuris, quod dominus Matheus, miles, de Geinneo, pro salute anime sue et antecessorum suorum, laude uxoris sue Chevrerie, et filiorum suorum Jacquini, Ade, Poncii, Petri et Amenjardis filie sue, dedit et concessit in perpetuam et puram elemosynam ecclesie Juliaci et ecclesie Puthei Orbis, medietatem decime quam habebat apud Sanctam Columbam, scilicet in blado, vino et canabo et ecclesie que de suo alodio erat, de qua decima ecclesia dicti Juliaci duas partes habebit, et ecclesia Puthei Orbis partem tertiam, et dictus miles supradictam elemosinam promisit contra omnes garantire; quicumque vero vel quæcumque supradictam decimam tenebit, abbati de Castellione xxii s. divion. persolverit annuatim. Ut autem hoc totum firmiter et inviolabiliter in perpetuum teneatur, rogatu jam dicti militis presentem paginam sigilli mei auctoritate roboravi. Actum anno domini M°CC°XXX°IX°.

(Fonds Molême. Original, 250. Arch. de la Côte-d'Or.)

1229

Jean, abbé de Quincy; Jean, trésorier de Saint-Pierre de Tonnerre, et Robert, chevalier, seigneur de Tanlay, notifient que Thierry, chevalier, dit Chandoiseau, donne aux religieuses de Jully un tiers du four de Senevoy pour achat de couvertures.

(Orig. Fonds Molême, 250. Arch. de la Côte-d'Or.)

1231

Isambard, abbé de Molême, voyant le peu de revenu des religieuses de Sèche-Fontaine, qui ne leur permet pas de subsister, réunit les revenus à la sacristie de Molême, ce qui a été confirmé par les Papes, et ainsi les religieuses n'ont été que cinquante-huit ans au monastère. Elles avaient été tirées de Jully.

(Ce couvent, c'est-à-dire les bâtiments et la chapelle, ont été ruinés en 1495 par les guerres.)

(Arch. de Dijon. Chron. de Molême, n° 152, p. 157.)

1232

Jobert, seigneur d'Ancy-le-Franc, donne aux religieuses de Jully dix setiers de grains, moitié blé, moitié seigle, sur toutes les tierces de la seigneurie d'Ancy, plus trois prés. Sa femme Jeanne approuve et eut quarante sols. — Guillaume et les autres enfants de Jobert approuvent également.

(Arch. de la Côte-d'Or. Fonds Molême, 254. — Original tronqué et déchiré qu'il est impossible de reproduire.)

1233, mai.

Robert, évêque de Langres, notifie qu'André, jadis sire d'Époisses, a donné aux religieuses de Jully, par une clause de son testament, une rente de froment sur les tierces d'Époisses.

(Arch. de la Côte-d'Or. F. Molême, 250. Orig. — Aux sires d'Époisses.)

1233

Jobert, sieur d'Ancy, atteste qu'un débat étant engagé entre les religieuses de Jully et Barthelemy d'Ancy, au sujet de biens contestés, les nonnes ont donné à Alberic, père dudit Barthelemy, cent sols de monnaie, et à Barthelemy vingt sols. Ont consenti à cet accord : Ponce, Mile, et leur sœur Mabille, enfants de Barthelemy.

(Arch. de la Côte-d'Or. Orig. F. Molême, 254. — Aux sires d'Ancy-le-Franc.)

1235

Extrait du testament de Girard, seigneur de Durnay.

Ego Girardus, dominus de Durnay, notum facio quod piæ memoriæ Agnes, karissima mater mea dedit in perpetuam elemosinam fratribus domui Dei de Barro s. seq. xx solidos, sancti monialibus de capella Osa, xx sol. sanctimonialibus de Seiche-Fontaine, xx sol. ob remedium animæ suæ, quod tam ego quam Margarita, uxor mea, assignavimus in pedagio de Vendopere percipiendos annuatim, in festa santi Remigii, tam in parte matris meæ quam acquisivit per ex cambium ab Hugone, domino Brecarum, et in parte dictæ uxoris meæ, quæ est de heredibus ipsius. In cujus rei testimonium sigilli mei munimine reboravi. Actum 1235.

(Jacques, sieur de Durnay, après la mort de sa femme Agnès, avant 1235, se rend religieux de Clairvaux.)

(Papiers Viguier. Bibl. nat.)

1235

Isembard, abbé de Molême, vend à l'infirmière de Jully-les-Nonains l'aumône que Pierre, seigneur de Ravières, avait faite au couvent de Molême, de deux muids de froment mesure de Rougemont, à prendre sur les tierces de Ravières.

(Arch. de Dijon. Chron. de Molême, n° 152, p. 161.)

1235

Guy, comte de Nevers, et Mathilde, sa femme, confirment une donation faite du temps du premier mari de Mathilde, et celle du temps de son veuvage, de 10 livres à prendre pour les religieuses de Jully sur les étaux de Tonnerre chaque année pour des anniversaires.

(Arch. de Dijon. Chron. de Molême, n° 152, p. 161.)

1236

Hugues, abbé de Molosme (Melugdinensis) et le couvent de Molosme donnent au prieuré de Juilly et à la prieuresse droit d'usage et de pâture dans tout le finage de la chapelle près Sennevoy. — Fait à Jully la veille de la conversion de saint Paul.

(Orig. Fonds Molême, 250. Arch. de la Côte-d'Or.)

1237 mai.

Agnès, dame de Plancy, atteste que Philippe, jadis sire de Plancy, son mari, a donné à Dieu et à six nonains de Jully, un demi-muid de blé et un demi d'avoine sur le terrage de Bragelonne et quatre muids de vin sur les rentes de cette ville. Ses enfants Jacob, Hugues, Thibaut et Philippe approuvent.

(Orig. Fonds Molême, 258. Arch. de la Côte-d'Or.)

1239, mai.

Jean, trésorier de Saint-Pierre de Tonnerre, préposé aux affaires des nonains de Jully, notifie que Guillaume d'Ancy-le-Franc, chevalier, fils de feu Gui, chevalier, parent et fidèle de Jobert, seigneur d'Ancy-le-Franc, a donné aux nonains de Jully toute la part de justice sur le finage dit du Vicomte qu'il avait avec sa sœur Elisabeth de Fourvy (Fulvy) (de Furveio), ainsi que sur divers finages dont les limites sont indiquées, et notamment le finage appelé la Vicomté. La femme de Guillaume, belle-mère de ses enfants Jehan et Étienne, ainsi que ses enfants à elle : Elisabeth, Gui, Pierre, Robert, Guillaume, Reine, approuvent aussi. Les nonnains donnent 200 livres de Provins à Guillaume d'Ancy-le-Franc.

(Orig. Fonds Molême, 254. Arch. de la Côte-d'Or.)

1239, mai.

Dreux de Mello, le jeune, seigneur d'Époisses, confirme aux religieuses de Jully les donations et rentes jadis faites par André, seigneur d'Époisses, son beau-frère.

Ego Droco, junior de Melloto, dominus Espissie, notum facio universis presentes litteras inspecturis quod pro questione et causa quam mihi faciebant et movebant religiose domine priorissa et conventus monialium Julleii, coram domino episcopo Lingonensi, super testamento et elemosina soceri mei Andree quondam domini Espissie, de assensu et voluntate earumdem monialium eisdem monialibus dedi in perpetuum in terciis meis de Espisia sexaginta solidos divion. annui redditus percipiendos singulis annis in iisdem terciis infra octabas beati Remigii; et si forte juxta dictas octabas supradicta pecunia soluta non fuerit, nisi infra quindeñam post requisitionem mihi vel mandato meo factam, eadem pecunia soluta non fuerit monialibus supradictis, ex tunc quatuor sextaria frumenti ad mensuram Espissie percipient in terciis memoratis, quamcumque et quoscumque contigerit solutionem non fieri pecunie supradicte. Et in confectionem hujus modi litterarum easdem dominas investivi de redditu supradicto, tradendo earum nuncio sexaginta solidos Divion. in pecunia numerata. Actum anno domini M°CC°XXX° nono. mense maii.

(Orig. Fonds Molême, 250. Arch. de la Côte-d'Or.)

1239

Thierry (Thericus), chevalier, de Chandoiseau, donne à Jully-les-Nonains le tiers du four de Senevoy et la moitié des coutumes qu'il y possède.

(Arch. de la Côte-d'Or. Chron. de Molême, n° 152, p. 165.)

1240

Pierre de Frolois, archidiacre de Tonnerre, notifie que la prieure et le couvent de Jully ont déclaré que le prieur et le camérier envoyés par l'abbé de Molême ont seuls qualité pour s'occuper de leurs affaires.

Universis presentes litteras inspecturis, Petrus de Frollois, archidiaconus Tornodorensis, salutem in domino. Notum facimus quod priorissa et conventus Juliaci in nostra presentia constitute voluerunt et concesserunt, quod de bonis Juliaci et ad Julliacum pertinentibus nullus omnino fiat contractus nisi per priorem et camerarium ejusdem loci qui sunt ibidem loco abbatis Molismensis. In cujus rei testimonium, ad instantiam et voluntatem ipsarum, presentibus litteris sigillum nostrum apposuimus; predicte vero priorissa et conventus ad majorem recognitionem, sigillum capituli sui fecerunt apponi. Actum in capitulo coram nobis apud Juliacum, anno gratie M°CC°XL°, die jovis post purificationem beate Marie.

(Arch. de la Côte-d'Or. 2e cartul. Molême, f° 47 r°. Ed. Socard. Chartes Molême, intéressant l'Aube, p. 193.)

1241

Reynaud, percepteur des maisons du Temple en France, notifie qu'il a échangé avec A., prieure de Jully-les-Nonnains, les dîmes de Blanchevaux près Riel et Espailly.

(Orig. Fonds Molême, 250. Arch. de la Côte-d'Or.)

1245

Bulle d'Innocent IV enjoignant aux religieuses de Jully de ne pas recevoir de religieuses sans la permission du pape, parce qu'on les pressait d'en recevoir.

(Arch. de la Côte-d'Or. Chron. de Molême, n° 152, p. 171.)

1246

Copie collationnée de transaction entre le curé d'Ancy-le-Franc d'une part, et les chevaliers du Temple, les religieux de Molême et les religieuses de Jully d'autre part. Il est réglé que le curé aura seul les dîmes de Cusi et moitié des dixmes d'Ancy-le-Franc et de Chassignelles, et les dits chevaliers du Temple et les religieux de Molême et religieuses de Jully l'autre moitié. En sorte que les dits chevaliers et le dit curé se feront serment de fidélité chaque année, qu'un chacun conservera fidèlement la part de l'autre sans diminution et l'aidera dans le partage commun.

(Fonds Molême, 254. Arch. de la Côte-d'Or, copie de 1687.

1247

Thibaud de Plancy, seigneur de Saint-Vinnemer, donne aux religieuses de Jully deux muids de blé, mesure de Tonnerre, sur les tierces et dîmes de Saint-Vinnemer ou sur les grains, ce qui est confirmé par Mathilde, comtesse de Nevers.

(Arch. de la Côte-d'Or. Chron. de Molême, n° 152, p. 173.)

1248

Jacob, doyen de Molême, notifie un arrangement. Thierry (1), chevalier, de Senevoy, et Elisabeth, sa femme, donnent à Jully les pâturages de Sennevoy. Thierry promet de faire approuver le don par Mile, vicaire de l'évêque de Langres.

(F. Molême. Orig. 250. Arch. de la Côte-d'Or.)

1248, octobre.

Complainte au Pape par sœur O., humble prieure de l'église de Jully et du couvent, portant plainte contre la prieure et les religieuses d'Andecies, qui se permettaient de sortir de leur monastère, ce qu'elles ne peuvent faire sans scandale à cause de la règle.

(Arch. de la Côte-d'Or. Chron. de Molême, n° 152, p. 174.)

1248, novembre.

Hugues, archidiacre de Lassois, notifie que Mile, damoiseau, de Villemorien, fils de Philippe-le-Chat, chevalier, a vendu à la prieure et au couvent de Jully le tiers de la dîme de Villemorien, qui lui venait de

---

(1) Ce Thierry, dans une donation du four de Senevoy, est appelé Chandoiseau en 1229.

l'échoite de Comtesse, sa sœur. Il vend aussi à la prieure la maison de Villemorien dans laquelle demeurait ladite Comtesse.

(Orig. Fonds Molême, 309. Arch. de la Côte-d'Or.)

1248

Milon, seigneur de Villemorien, vend aux religieuses de Jully, pour 80 livres, le tiers de la troisième partie des dîmes de Villemorien, qui lui était échue de sa sœur, avec une maison où elle demeurait et une masure proche, qui devait deux deniers de cens, laquelle vendition doit être scellée du sceau d'Hugues, évêque de Langres, quand il sera de retour d'outre-mer. (Il mourut de la peste en Afrique.)

(Arch. de la Côte-d'Or. Chron. de Molême, n° 152, p. 174.)

1248, juin.

Louis, roi de France (saint Louis), écrit à Hugues, évêque de Langres, qu'il ne voulait pas que les religieuses de Jully payassent les décimes, puisque les collecteurs des dîmes pour la subvention de la Terre sainte ne payaient rien d'icelle.

(Arch. de la Côte-d'Or. Chron. de Molême, n° 152, p. 174.)

1249

Confirmation des pâturages de Senevoy à Jully par Guillaume, seigneur de Chandoiseau et de Senevoy. — Agnès, sa femme ; Galia, sa belle-mère, approuvent. — Guillaume promet de faire approuver aussi par Mile, vicaire de l'évêque de Langres.

(F. Molême-Juilly, 250. Arch. de la Côte-d'Or.)

1250, août.

Jean, seigneur d'Ancy-le-Franc, avec le consentement de sa femme Agnès, donne droit aux religieuses de Jully de faire pacager leurs troupeaux sur les finages d'Ancy-le-Franc, Cusy, Méreuil, Fulvy, Chassignelles, La Roche et les autres territoires qui lui reviendront après la mort de sa belle-mère. Il reçoit en échange vingt livres et cent brebis, et indemnise ses parents.

(Arch. de la Côte-d'Or. Fonds Molême, 254. Orig. — Aux sires d'Ancy-le-Franc.)

1251

Renaud de Grancey, seigneur de Larrey, de l'aveu de Marguerite, sa femme, pour le remède de leurs âmes et prédécesseurs, donnent à Notre-Dame de Jully et aux religieuses un demi-muid de froment, à la mesure de Châtillon, à prendre à Cérilly, sur son gaignage et finage de la dite ville.

(Arch. de la Côte-d'Or. Chron. de Molême, n° 152, p. 177.)

1253

Guido, miseratione divina Lingonensis episcopus, presentes litteras inspecturis, salutem in domino. Noverint universi, quod nos una cum fratre nostro Hugone titulo sancte Sabine, presbytero cardinali, venimus ad monasterium Juliacense, quod subesse dignoscitur monasterio Molismensi ; prout ex confessione priorisse et monialium dicti loci, quarum una per L annos alia per XL, alia per XXX et plures alia per plurimos annos aperitur, cognovimus quod priorissa et moniales dicti loci usque ad hec tempora perpetuam clausuram in dicto manasterio servarunt. Non extat memoria quod aliquando exierint pro negotio qualicumque. Datum anno domini M°CC°L° III°, mense maio.

(Scellé d'un sceau où est un évêque debout, revêtu d'ornements pontificaux, et autour : *Sigillum Guidonis episcopi Lingonensis.*)

(Arch. de la Côte-d'Or. Chron. de Molême, n° 152, p. 179.)

1258

Règlement entre le sire de Joinville Jean, sénéchal de Champagne, et l'abbé de Molême, au sujet du prieuré de Val-d'Osne, relevant de Jully.— Lettre d'Ysabeau, prieure de Val-d'Osne, qui l'accepte.

(Arch. de la Côte-d'Or, H. 251. — Autres actes relatifs au Val-d'Osne, mentionnés dans un inventaire, aux années 1248, 1254, 1256, 1267, 1289, 1289, 1303, 1304.)

1258

Bref d'Alexandre IV touchant le différend entre les religieuses d'Andecies et de Molême. Ces religieuses se prétendaient exemptes de la juridiction de l'abbé de Molême; le pape nomma une commission de deux cardinaux pour l'examen de cette affaire, et parce que l'évêque de Chalon leur avait permis de sortir quatre fois l'an et quinze jours chaque fois. Les commissaires reconnurent le droit de l'abbé de Molême et annulèrent l'ordonnance de l'évêque. Néanmoins Andecies fut, paraît-il, érigé en abbaye à ce moment, et fut distrait des biens du monastére, avec un revenu suffisant pour subvenir à la subsistance des religieux de Molême qui tenaient le prieuré. L'abbaye devint alors indépendante.

(Arch. de la Côte-d'Or. Chron. de Molême, n° 152, p. 184.)

1259, juin.

Jacques, sire de Planci, chevalier, notifie que Marguerite, abbesse d'Andecies, a donné à Molême un muid de blé, à Planci, au terrage de monseigneur Huon de l'abbaye sous Planci, chevalier. — Titre français.

(Fonds Molême, cart. 242.)

1263

Bulle d'Urbain IV qui permet à l'abbé de Molême de recevoir des religieuses dans les monastères qui dépendent de lui, nonobstant les serments faits par les religieuses.

(Arch. de la Côte-d'Or. Chron. de Molême, n° 152, p. 189.)

1263

Milon de Villemorien rend aux religieuses de Jully les deux portions des dîmes de Villemorien.

(Ann. de l'Aube, 1854, p. 67. L. Coutant, sans indic. de sources.)

1265

Geoffroy, seigneur de Neuville, près Bar-sur-Seine, reconnaît que les religieuses de Neuville ont droit de prendre, par semaine, trois pains sur les pâtes du four du dit Neuville.

(Ann. de l'Aube, 1856, p. 67. L. Coutant, sans indicat. de sources.)

1265

Compromis pour mettre des bornes et limites aux finages de Senevoy et Jully, et la permission de Heudes (Eudes), comte de Nevers, pour ce faire par Simon de Noidant du côté de ceux de Senevoy et Ithier de Bernon du côté des religieuses de Jully, et s'ils ne s'accordent, ils éliront Guillaume, abbé de Molême, pour ce faire. — Titre français.

(Arch. de la Côte-d'Or. Chron. de Molême, n° 152, p. 191. — Arch. de l'Yonne. F. Jully. — Ed. Cart. de l'Yonne, t. III, n° 621.)

1268

Guillaume, abbé de Molême, fait un vidimus et met son sceau à un abonnement des sommes et revenus de Nicey appartenant à l'abbesse de Rougemont, se réservant des droits et la justice sur iceux. Ce bien avait été donné par échange à Jully.

Arch. de la Côte-d'Or. Chron. de Molême, n° 152, f° 194.)

1268

Le samedi après Noël.

Différend entre le cellerier de Molême et la prieure et le couvent de Jully pour raison des limites et finages de Jully et de Stigny. Compromis. L'abbé de Molême est chargé de fixer les limites comme il l'entendra.

(Arch. de la Côte-d'Or. Chron. de Molême, n° 152, p. 194.)

1276

Débat entre le doyen de Langres et Elisabeth, prieure de Jully, et son couvent, à l'égard d'un gîte et procuration que le dit doyen demandait aux religieuses. L'abbé de Molême, auquel les religieuses sont sujettes de plein droit, passe compromis.

(Arch. de la Côte-d'Or. Chron. de Molême, n° 152, p. 202.)

1277

Marguerite, prieure de Jully, étant en contestation avec l'abbaye de Fontenay, au sujet de la possession des tierces de Senevoy, un arrangement s'ensuit et trois chartes sans date précédemment données par les seigneurs de Senevoy y sont rapportées :

1° Gauthier (de Bourgogne), évêque de Langres, notifie que Rainier de Senevoy (de Sanaveto) avait donné le pâturage de Senevoy aux religieuses de Jully, et la portion de terre que ses oncles Guiard et Jean y possédaient avant que Rainier ne fût chevalier. Ce don est approuvé par Damnum, femme de Rainier, par Elvis et Jean, desquels relève cette seigneurie. Témoins : Renaud, doyen de Montbard ; Humbert, prêtre de Ravières ; Guillaume de Montlai ; Hugues de Nesles ; Bernard Narjot.

2° Viard de Senevoy et Jean, son frère, donnent aussi un pâturage à Senevoy aux religieuses de Jully. Viard a l'approbation de sa femme Helvis et de ses fils, ainsi que celle de Dodo de Flogny (de Floniaco), duquel relève ce bien. Gui, comte de Nevers, approuve. Témoins : Garnier de Trainel ; Thibaud de Bar ; Clerembaud de Chappes ; Hugues d'Argenteuil ; Fournier de Troyes (Furnerius de Troia).

3° Jean, chevalier, de Senevoy, approuve le don de Viard, chevalier, de Senevoy, son frère, aux religieuses de Jully, de champs, prés et pâtures sur le finage de Senevoy, et reçoit en récompense xx livres Sa femme Hylla approuve ainsi que Dodo de Flogny... de cujus casamento erant. Témoins : Rocelin, abbé de Châtillon ; Hugues, doyen de la Chaume (de Calma) ; Pierre, voyer de Châtillon ; André, gendre du prévôt de Chatillon ; Robert de Buncey.

(Original Arch. de la Côte-d'Or. Fonds de l'abbaye de Fontenay, carton 584.)

1279

Guido, évêque de Langres, reconnaît qu'encore que sœur Isabelle, prieuse de Jully, et son couvent, dès l'an 1278, se soient soumis à sa juridiction ; néanmoins il n'entend pas porter préjudice à l'abbé de Molème, qui de tout temps a toute juridiction à Jully, soit au spirituel, soit au temporel.

Id. Le pape Innocent met à la discrétion de l'abbé de Molème de mettre tel nombre de religieuses qu'il jugera à propos dans les monastères qui dépendent de Molème, considérant la pauvreté d'iceux.

(Arch. Côte-d'Or. Chron. de Molème, n° 152, p. 205.)

1282

Reconnaissance au seigneur de Noyers par Agnès, prieure de Jully.

A tous ceux qui verront et ourront ces présentes lettres, nos suers Agnès, humble prioresse de Julley, et tos li couvent de ce meyme leu, salut. Saichent tuit que nos havons recephu de seignor de Noyers et de la dame, et de leur commandement cent francs de petiz tornois, par la main au porteor de ces présentes lettres, lesques c. fr. dessus ditz nos havons chaccain an d'aumoygne sus les cens de la dite vile de Noiers. Iou jor de la sieyt Remye et nos an tenons por bien payé. Por raison de ceste présente années et des autres trespassées.

(Arch. de la Côte-d'Or. Chambre des comptes, B. 283. Orig.)

1283

Robert, dit Boilo, de Jully, reconnaît devoir aux religieuses de Jully quinze bichets de froment, orge et avoine, sur ses terres ; plus trois poulets et trois livres de cens.

(Ann. de l'Aube, 1856, p. 68. L. Coutant, sans indicat. de sources.)

1284

En la fête de Saint-Pierre-ès-Liens, fut présentée requête par sœur Agnès, prieure de Jully, et son couvent, par les mains de frère Guido, aumônier de Molême, à Jean, cardinal de Saint-Grille, nonce du pape, représentant que depuis leur fondation elles n'avaient point rompu la clôture, et qu'elles étaient sujettes immédiatement et de plein droit à l'abbé de Molême. Elles suppliaient le dit cardinal qu'elles puissent avoir quelque mandement apostolique au conseil qui devait se tenir à Paris, le jeudi après l'Assomption de Notre-Dame.

(Arch. de la Côte-d'Or. Chron. de Molême, n° 152, p. 210.)

1285

Le vendredi après les octaves de la Purification de Notre-Dame, Robertus, dit Boillo de Fiervy (Fulvy), écuyer, et dame Marguerite, sa femme, confessent devoir à la prieure de Jully et aux religieuses, quinze bichets de blé à la mesure de Fulvy, à cause de certaines tierces, coutumes ; trois galines, trois sols de cens qu'elles avaient dans les tierces et coutumes du dit écuyer, et les assignent sur leurs tierces de Marnay et Fulvy.

(Arch. de la Côte-d'Or. Chron. de Molême, n° 152, p. 211. Chambre des comptes, B. 283.

1305

Robert, prieur de Collan, Hugues et Guyot de Gruzy, écuyers, traitent pour ce qu'ils disent avoir venant de leur sœur Adeline, moniale de Jully sur le village de Collan, en présence de Radulphe de Vendeuvre, clerc de Collan.

(Arch. de la Côte-d'Or. F. Molême.)

1306

Vendredi après la conversion de saint Paul, janvier. Jehan, Guyote, Marguerite et Jeannette, enfants de Symon de Bellechaume, écuyer, de Senevoy, en présence de Jean de Crusé, notaire de la cour de Tonnerre, doivent à la prieure et au couvent de Notre-Dame de Jully, vingt-huit bichets d'avoine, mesure de Senevoy, à défaut de cinq sols par semaine, à cause d'un terrage sis en la justice et seigneurie de Jully, joignant d'une part aux bois de Frasse, d'autre vers Jully et Senevoy, et par divers joignant les terrages de madame la cellerière de Jully ; et s'ils meurent sans hoirs de leur propre corps, ce terrage reviendra à Jully.

(Arch. de la Côte-d'Or. Chron. de Molême, n° 152, p. 232.)

1309, août.

Le mercredi devant la Saint-Laurent, un homme de Lyse étant prisonnier à Jully, le bailli de Tonnerre donne commission à Jehan de Ricey, prévôt de Lyse, pour le prendre, comme aussi Robert, chevalier, sire de Tanlay, qui se disait avoir commandement de madame de Saint-Vinnemer, sa mère, de mettre la main sur le dit prisonnier, de par la dite dame, soi-disant gardienne des dites religieuses. Enfin l'un et l'autre s'en déportèrent et le laissèrent à la justice des religieuses, dont acte fut donné par Geoffroy de Lyse, notaire de la cour de Tonnerre.

(Arch. de la Côte-d'Or. Chron. de Molême, n° 152, p. 235.)

1312

Compromis entre Guy, abbé de Molême, et le couvent de Jully et Marie, prieure de Jully, parce que les religieuses refusaient deux religieux que l'abbé leur avait envoyés, l'un pour être prieur claustral, l'autre pour être chambrier, parce qu'ils ne plaisaient pas à ces dames. Raymond, abbé de Moutier-Saint-Jean et Jehan, abbé de Molême, furent choisis pour arbitres. Le prieur claustral régissait le spirituel et le chambrier le temporel, ainsi qu'on a coutume.

A la suite de la sentence est une requête des religieuses :

Reverendissimo in Christo Patri ac dilecti domino Guidoni, permissione divina abbati Molismensis, soror Maria de Ruperforti, priorissa de Juliaco, etc.

(Arch. de la Côte-d'Or. Chron. de Molême, n° 152, p. 238.)

1316

Étienne de Montmoret et Marguerite de Gland, sa femme, seigneurs de La Chapelle, font une reconnaissance à Jully de 12 bichets de froment et 8 bichets d'orge sur les tierces de La Chapelle.

(Orig. Fonds Molême, 250. Arch. de la Côte-d'Or.)

1316

Mercredi après la Saint-Barnabé.

Par devant Geoffroy de Rise, notaire de la cour de Tonnerre, les religieuses de Jully offrent à Etienne de Montmor et à Marguerite de Gland, sa femme, seigneurs de La Chapelle, leur vie durant, douze bichets de blé et huit d'orge, que les religieuses prennent sur les tierces du finage de La Chapelle, à cinquante-deux sols; et après leur mort, leurs héritiers paieront les grains.

(Arch. de la Côte-d'Or. Chron. de Molême, n° 152, p. 242.

1330

Frère Guillaume, abbé de Molême, à sœur Pétronille de Buxières, sous-prieure de Jully, salut. Comme il a été averti que les sœurs Aglantine, sacristine, Guillemette de (Briello), Jacquette de Biais, Jeannette de Fontaines, et Jehannette de (Benveneto), religieuses de Jully, se sont révoltées, il les invite à faire amende honorable et lance une bulle d'excommunication contre celles qui ne veulent pas se soumettre. — Trois ans après un nouveau règlement s'ensuivit. Mais malgré ce règlement et les remontrances réitérées des évêques et du Pape, les désordres se multiplient et toute discipline cesse d'exister.

(Arch. de la Côte-d'Or. Chron. de Molême, n° 152, p. 256.

1335

A tous ceulx qui verront et orront ces présentes lettres, nous sœur Marguerite Dusie, humble prieure de Juilly, et tout li covent de ce lieu salut. Sachent tous que sœur Agnes, chambrière de notre Eglise a cognehu par devant nous quelle a recehu de Jehannin de Vandeuvre, receveur de Monseigneur de Noyers, en la terre de Vaudevre, cent sols savoir, pour la partie de Monseigneur de Noyers 75 sols, et pour la partie monseignor Guillaume de Vergi, chevalier, 25 sols, lesquels elle a coutume de prendre par chascun an le jour de Pasques sur le payage de Vandovre.

(Arch. de la Côte-d'Or. F. Molême, carton Jully.)

1356

Par devant Jean Guillaumez, de Ravières, prêtre-notaire juré de la prévôté de Crusy, fut fait accord entre le seigneur de Ravières, Ferry de Chardoyne, et les religieuses prieure et couvent de Jully, touchant la vieille forêt de Frasse, où les dits seigneurs ne peuvent avoir aucun droit.

(Arch. de la Côte-d'Or. Chron. de Molême, n° 152, p. 282.)

1372

Guillemette, maîtresse de Moyenne, étant prisonnière ès-prisons de Saint-Vinnemer, appartenant à messire Philippe de Tanlay, fut amenée à Jully par Jean Perinot, juge commis par le dit seigneur, ayant été prise à l'entour, et requit sœur Maingearde de Buteaux, prieure de Jully, de la faire mettre ès-prisons de Jully, par territoire emprunté, ce qui lui fut accordé, à condition qu'il n'y aurait pas préjudice aux droits et à la justice du sieur de Tanlay, à Saint-Vinnemer, dont acte fut octroyé par Jean Ligné, notaire de la cour de Tonnerre.

(Arch. de la Côte-d'Or. Chron. de Molême, n° 152, p. 298.)

1392

Sentence et déposition de la prieure de Jully pour sa vie scandaleuse et celle de ses religieuses qui s'abandonnaient.

Guy de Calario fait le procès à la prieure pour son incontinence et dissipation du temporel et met à sa place Jeanne de Blaisy. La première fit appel à Rome, et sur cet appel on commit Hugues de Nitry, chantre, et un autre arbitre. Pendant ce temps, Gui, abbé de Moutier-Saint-Jean, et Bertrand, abbé de Saint-Michel de Tonnerre, lui conseillèrent de s'en rapporter à l'évêque de Langres, ce qu'elle refusa. Elle fut de nouveau jugée et déposée.

(Arch. de la Côte-d'Or. Chron. de Molême, n° 153, p. 159.)

1394

Jaquette de Rochefort, abbesse du Puits-d'Orbe, de l'ordre de Saint-Benoît, Jehanne de Blaisy, prieure de Jully, rappellent qu'elles furent religieuses nonnains de Jully avec sœur Marguerite de Rochefort, nostre chière sœur — que feu seigneur de bonne mémoire Pierre, seigneur de Rochefort, avait donné à Jully une maison sise à Tonnerre, achetée de ses propres deniers, pour les dites religieuses.

(Arch. de la Côte-d'Or. F. Molême. Orig.)

1402

Guichard, abbé de Molomes, fait un échange avec la prieuresse et le couvent de Juilly-les-Nonains de pièces de terre sises à Senevoy, sur le chemin de Juilly à Senevoy.

(Orig. F. Molême, 250. Arch. de la Côte-d'Or.)

1403

Le chapitre de Molême ne veut plus laisser entrer de religieuses à Jully à cause de la vie dissolue qui s'y mène, et le Pape fait défense d'y recevoir des novices.

(Arch. de la Côte-d'Or. F. Molême, 250.)

1413

Le voisinage du monastère chef d'ordre ayant donné l'exemple à ses sœurs, les prieurés voisins l'imitèrent. En 1413, la mauvaise vie des religieuses de la chapelle d'Oze force l'abbé et le prieur à demander à Charles, évêque de Langres, la permission d'oster les religieuses et d'éteindre le titre de prieure, pour en tenir les revenus.

(Arch. de la Côte-d'Or. F. Molême, 250.

1416

Le prieur de Jully cède au seigneur de Saint-Vinnemer deux muids de blé qu'il devait prendre en ce lieu, pour une tour, maison et forteresse que le dit seigneur de Saint-Vinnemer lui cède à Ravières.

(Arch. de la Côte-d'Or. Chron. de Molême, n° 153, p. 161.

1420

L'évêque de Langres réunit la chapelle d'Oze à la pitancerie de Molême à cause de la ruine du monastère, pour que les religieux ne soient obligés de sortir pour chercher leur vie.

(Arch. de la Côte-d'Or. Chron. de Molême, n° 153, p 161.)

1456

Gui, évêque de Langres, en vertu d'une commission du pape Calixte, adressée à Alais, cardinal, légat du Saint-Siége en France, en date du 20 août 1456, unit, annexe et incorpore le prieuré de Jully à l'office de célérier de Molême et y maintient en possession frère Benoît Marin, dit de la Cave.

(Arch. de la Côte-d'Or. Chron. de Molême, 152, p. 384.)

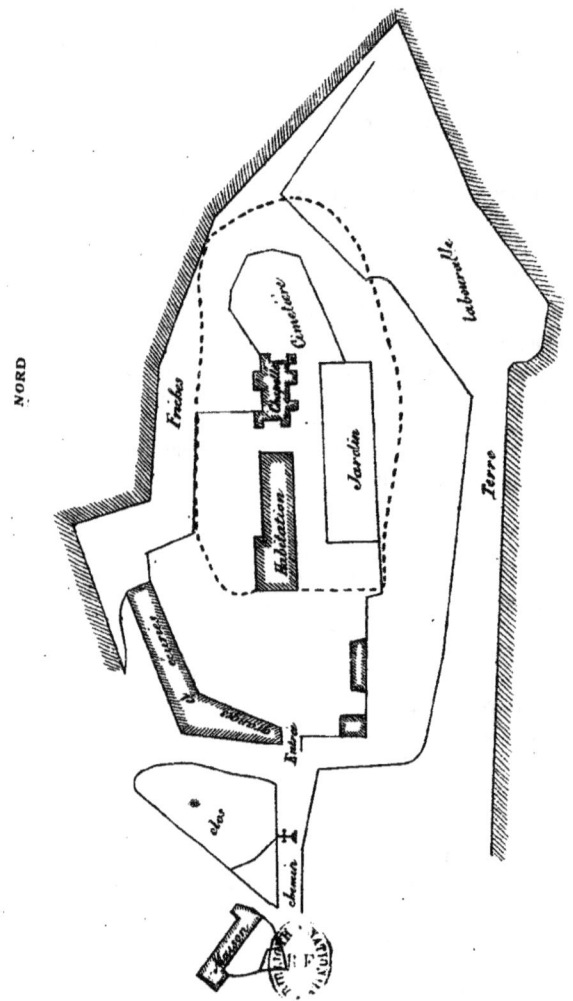